Stefanie Mollnhauer

AUSDAUER TRAINING
FÜR FRAUEN

Grundlagen | Trainingsprogramme | Wettkampf

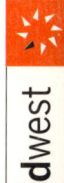

südwest

Inhalt

Beim Ausdauersport sollte man ein genaues Ziel vor Augen haben: Will ich abnehmen? Will ich meine Grenzen ausloten? Will ich an einem Marathon teilnehmen?

In der Gruppe steigt der Spaß am Sport. In Lauftreffs lernt man meistens ein paar nette Leute kennen.

Richtiges Dehnen ist ein maßgeblicher Bestandteil eines guten Trainings.

Lassen Sie die Pfunde purzeln – gehen Sie laufen, schwimmen, Rad fahren.

Ausdauernd glücklich

Im Sommer 2002 initiierte ich zusammen mit einer örtlichen Tageszeitung in Solingen die Aktion »Von Null zum Halbmarathon«. Dieser Halbmarathon, also 21,1 Kilometer, sollte nicht flach durch die City führen, sondern war als ein anspruchsvoller Waldlauf mit etlichen Höhenmetern konzipiert. Beim ersten Treffen stand allen Teilnehmerinnen eine gespannte Erwartungshaltung ins Gesicht geschrieben, wusste doch keine von ihnen, was sie in den kommenden drei Monaten erwarten würde. Eines wurde aber schnell klar: Alle waren fest entschlossen, den Lauf – egal in welchem Tempo – auch tatsächlich zu »finishen«. Daneben hegte, zumindest insgeheim, jede noch weitere Erwartungen, angefangen von einer Gewichtsreduktion über eine bessere Muskelbildung bis hin zu dem Wunsch, einfach nur mal dem Alltag zu entfliehen und abzuschalten oder etwas für sich selbst zu tun.

Während meiner Kölner Studienzeit war ich als aktive Langstreckenläuferin täglich viele Kilometer durch den Stadtwald gelaufen. Obwohl dieser Wald wahrlich nicht klein ist, traf man doch immer wieder dieselben »Gestalten«. Da gab es die schlaksige Walkmanhörerin, an deren Outfit man immer den aktuellen Trend in der Fitnessmode ablesen konnte und die ausschließlich über die zehn Zentimeter »breite« Grasnabe neben dem Weg hüpfte. Bei schönem Wetter und bevorzugt bei höheren Temperaturen tauchten immer wahre Horden von Schönwetterläuferinnen auf, darunter auch diejenigen, die etwas für ihr angestrebtes Gewicht tun wollten und sich aus diesem Grund mehrschichtig bekleidet einer »Schwitzkur« unterzogen. Fast täglich begegnete ich der rüstigen Rentnerin mit Berlin-Marathon-Stirnband, die mit ihrer Schrittlänge einem 2,10 Meter großen Basketballer Paroli geboten hätte.

Wie verschieden die Läuferinnen auch waren, fast alle liefen sie mit hochrotem Kopf und in einem Tempo durch den Wald, dass ich mich fragen musste, ob sie alle beim nächsten Köln Marathon die

Drei-Stunden-Marke knacken wollten... Die eine oder andere wollte ich schon mal ansprechen auf ihr offensichtlich zu hohes Tempo, ihre nicht angemessene Bekleidung oder den eigentümlichen Laufstil, ließ es dann aber doch bleiben. Allerdings wuchs durch das tägliche Anschauen des »Fehlerkabinetts« das Bedürfnis, meine Erfahrungen weiterzugeben

Das war also mein Ziel der Halbmarathonaktion: Laufeinsteigerinnen durch ein sinnvolles Training langfristig den Spaß am Sport und damit auch dessen positiven Effekte zu vermitteln. Unbestritten ist, dass sich eine gute körperliche Verfassung auch auf die geistige Leistungsfähigkeit positiv auswirkt. Schon die alten Römer wussten: »Mens sana in corpore sano« – nur in einem gesunden Körper steckt auch ein gesunder Geist. Es gibt sogar wissenschaftliche Intelligenzmessungen, die zeigen, dass der IQ nach einem mehrwöchigen regelmäßigen Ausdauertraining höher ist als zu Beginn. Nicht zu vergessen die sportliche und frische Ausstrahlung, die ein Ausdauertraining bewirkt und die durch keine Creme und kein Lifting der Welt käuflich zu erwerben ist.

Ich persönlich schätze das befriedigende Wohlgefühl nach einer Trainingseinheit und die Ausgeglichenheit, mit der man dann Probleme und Aufgaben im Beruf und Alltag gegenübertreten kann. Die zahlreichem gesundheitsfördernden Aspekte liegen mir als Ärztin bei Sport und Ausdauertraining natürlich ganz besonders am Herzen, musste ich doch täglich im Krankenhaus mit ansehen, wie selbstzerstörerisch und gedankenlos ein Großteil der Bevölkerung mit ihrem Körper und ihrer Seele umgeht.

Der Weg ist das Ziel. Das gilt auch fürs Lauftraining. Sie werden staunen, wie gut Sie sich nach regelmäßigen Trainingseinheiten fühlen, auch wenn Sie nicht unbedingt für einen Marathon trainieren.

Lust auf **Sport?**

Ziele definieren

Der Einstieg in Ihr effizientes Training fängt mit »Gehirnjogging« an. Nehmen Sie sich heute und in den nächsten Tagen Zeit, und überlegen Sie sich, was Sie durch den von Ihnen gewählten Ausdauersport erreichen möchten. Am besten notieren Sie sich dies in ein »Trainingstagebuch« (siehe Vorlage Seite 13) oder auf einen Zettel, den Sie sich mehrmals täglich vor Augen führen. Wollen Sie

- Ihr Gewicht reduzieren?
- einen strafferen und muskulöseren Körper bekommen?
- Ihre Fitness verbessern oder sogar bei Wettkämpfen Ihre Leistungsfähigkeit unter Beweis stellen und messen?
- an Ihre Grenzen stoßen und so mehr über sich selbst erfahren?
- primär gesundheitsorientiert Sport treiben, Risikofaktoren für verschiedenste Krankheiten vermindern und Stress abbauen?
- kreative Energie aus der Bewegung schöpfen?
- die Natur, den Wechsel der Jahreszeiten »hautnah« erleben?
- Oder stehen bei Ihnen die soziale Komponente und der Spaßfaktor im Vordergrund?

Sie sehen, Ziele können vielfältig sein. Werden Sie sich ihrer bewusst, und nutzen sie diese als tagtäglichen Antrieb, als Motivation! Bei der Festlegung Ihrer Ziele sollten Sie darauf achten, dass Sie nicht nur auf Ihr Gefühl hören, sondern auch realistischen Überlegungen Platz einräumen, damit Sie nicht einem irrealen »Traumziel« hinterherjagen, sondern einer real umsetzbaren Vorstellung.

- Schätzen Sie Ihre aktuelle körperliche und psychische Belastbarkeit realistisch ein, und setzen Sie sich kleine Zwischenziele!
- Wie steht es um Ihren sportlichen Background? Haben Sie Ihr Leben lang Sport getrieben, oder fangen Sie bei null an? Im ersten Fall werden der Fortschritt und die Belastbarkeit im Allgemeinen größer sein, als wenn Sie blutige Einsteigerin sind. Dies ist besonders dann wichtig zu wissen, wenn Sie in einer Gruppe

Reebok
Expertentipp
Denken Sie ganzheitlich: Körper, Seele, Geist und unsere Umgebung sind untrennbar miteinander verbunden. Wenn Sie einen dieser Aspekte vernachlässigen, werden Sie Ihre Ziele nicht erreichen können.

7

trainieren. Verzweifeln Sie nicht, wenn Sie leistungsmäßig nicht ganz so große Fortschritte machen wie Ihre Freundin.

● Berücksichtigen Sie bei der Wahl Ihrer Sportart oder dem gesteckten leistungsbezogenen Ziel Ihren Körperbau, gegebenenfalls vorliegende orthopädische, internistische oder andere medizinische Probleme.

● Wie sieht Ihr Zeitbudget für das Training aus?

● Welchen Stellenwert nimmt der Sport neben Familie, Freunden, Beruf und lieb gewonnenen Hobbys ein?

● Nicht zuletzt spielt auch ein praktischer Gesichtspunkt eine entscheidende Rolle: Sind die für Ihr sportliches Ziel wichtigen Trainingsstätten (Schwimmbad, Fitnessstudio, Wald) gut erreichbar?

Messen Sie sich grundsätzlich nicht am Leistungsvermögen anderer! Beobachten und genießen Sie Ihren eigenen Leistungsfortschritt.

Zeitmanagement

Nachdem Sie sich entschieden haben, mehr Sport zu treiben, stellt sich die Frage, wie Sie es schaffen sollen, zusätzlich zu Ihren Aufgaben als Hausfrau, Mutter und/oder Berufstätige regelmäßig zu trainieren. Um das in den Griff zu bekommen, müssen Sie sich mit dem Thema »Zeitmanagement« auseinander setzen. Im Folgenden ein paar Tipps, wie Sie Zeit »gewinnen«:

● Schließen Sie Aufgaben zur rechten Zeit ab! Gehen Sie vor allem auch unangenehme Dinge bewusst an, und schieben Sie diese nicht unnötig vor sich her. Unerledigte und unangenehme Dinge lasten wie ein schwerer Rucksack auf der Seele, blockieren die Kreativität und vermindern die Energie für Neues.

● Selektieren Sie Ihre Aufgaben nach ihrer Dringlichkeit. Auch verfrühter Aktionismus kann ineffektiv sein, denn nicht selten erledigen sich Dinge im Rahmen Ihrer Eigendynamik von allein.

● Lernen Sie zu delegieren! Weder im Beruf noch im Haushalt müssen Sie alles allein managen. Animieren Sie Ihre Umwelt zur Mithilfe, aber zeigen auch Sie Hilfsbereitschaft, denn nur wer gibt, dem wird auch gegeben.

- Erstellen Sie sich für den Tag eine realistisch umsetzbare Aufgabenliste, an deren Erledigung Sie konsequent arbeiten. Sie werden sehen, durch diese Planung ergeben sich Freiräume.
- Wenn möglich: Nutzen Sie die Fahrt zur Arbeit, zur Freundin oder zum täglichen Brötchenholen für eine Trainingseinheit. Verbinden Sie das Nützliche mit dem Praktischen.
- Partner, Familie, Verwandte, Freundin und Freunde sollten in der Planung nicht vergessen werden. Gerade erfolgsorientierte Menschen vergessen oft im »Erfolgsrausch« ihre Umwelt.

Den eigenen Biorhythmus finden und nutzen

Die nötigen Stunden für das Training können Sie nun erübrigen, aber jetzt stehen Sie vor dem Problem, wie Sie Ihr Training in den Alltag integrieren sollen. Wichtig bei jedem Training ist die Regelmäßigkeit, Sie sollten also möglichst schon im Voraus festlegen, um welche Tageszeit und an welchen Wochentagen Sie trainieren wollen. Das hilft Ihnen, den Alltag besser zu organisieren, und vermindert die Gefahr, dass Sie ab und zu mal das Training sausen lassen.

Außerdem sollten Sie beim Erstellen Ihres Trainingsplans berücksichtigen, dass das Leistungsniveau stark vom individuellen Biorhythmus abhängt. Unser Körper ist nicht zu jeder Tages- und Nachtzeit gleich leistungsbereit. Herz- und Atemfrequenz, Körpertemperatur, Blutdruck, Menstruation, Wach- und Schlafphasen unterliegen einem bestimmten Rhythmus, der für uns ohne großen Aufwand zu erkennen ist. Andere Rhythmen verlaufen nicht so offensichtlich. Hierzu gehören beispielsweise viele hormonelle Veränderungen. Beim Aufwachen und Aufstehen steigt unser Kortisolspiegel (Stresshormon) stark an, und wir stoßen eine große Menge an Katecholaminen (Adrenalin und Noradrenalin) aus. Hierdurch wird unser Körper auf die Belastung des Tages vorbereitet: Die

Ein regelmäßiges und gut strukturiertes Training unterstützt Körper und Geist dabei, sich auf die Belastung einzustellen.

Wissenschaftliche Studien kamen zu dem Ergebnis, dass es trainingsphysiologisch günstig ist, am Nachmittag oder am Abend zu trainieren – abhängig natürlich vom jeweiligen »Menschentyp«.

Manche laufen schon morgens zur Höchstform auf, andere sind einfach nicht aus dem Bett zu kriegen. Trainieren Sie nicht gegen Ihren Biorhythmus!

Herzfrequenz und der Blutdruck steigen an, das Herz schlägt kräftiger, und damit steigt auch der Sauerstoffverbrauch des Herzens. Da die Herzkranzgefäße wegen der Katecholamine verengt sind, kommt es in den Morgenstunden zu einer erhöhten Herzinfarktrate. Sollte bei Ihnen eine Durchblutungsstörung der Herzkranzgefäße bekannt sein, verzichten Sie auf ein morgendliches Training, rauchen Sie morgens auf keinen Fall – hierauf sollten Sie als Ausdauersportlerin sowieso verzichten –, und vermeiden Sie Stress in den Morgenstunden!

Aufgrund der biologischen Leistungsbereitschaft lassen sich zwei günstige Zeitspannen für das Training festlegen: Ein Maximum der Leistungsbereitschaft findet sich zwischen 8 und 10 Uhr, ein Tief gegen 15 Uhr und ein zweites Hoch zwischen 17 und 19 Uhr. Sollten Sie ein »Morgenmensch« sein und schon frühmorgens vor Tatendrang strotzen, empfehle ich Ihnen, sofern es Ihr Tagesablauf zulässt, zu dieser Tageszeit Ihr Ausdauertraining zu absolvieren.

Viele Frauen leiden morgens unter einem sehr niedrigen Blutdruck, was es Ihnen erschwert, »in die Gänge zu kommen«. Gehören Sie zu dieser Art Mensch, kann es trotzdem sinnvoll sein, das Training am Morgen zu absolvieren, was Sie jedoch ganz individuell ausprobieren sollten. Meinen Beobachtungen zufolge gibt es nämlich zwei typische Reaktionen: Die einen werden durch die körperliche Betätigung aktiviert und fühlen sich den ganzen Tag über viel frischer und dynamischer, die anderen fühlen sich nach dem morgendlichen Sport schlaff und lethargisch. Haben Sie also subjektiv das Gefühl, dass Sie sich auch nach mehreren Versuchen nicht mit einem Training in den Morgenstunden anfreunden können, verschieben Sie ihre Ausdauereinheit auf den Nachmittag oder Abend. Sie haben ausschließlich mittags

Zeit und fühlen sich dann auch leistungsbereit? Kein Problem, trainieren Sie! Es gibt keine Pauschalempfehlung! Finden Sie Ihren eigenen Rhythmus, der mit Ihrem Körper und Tagesablauf im Einklang steht. Zwei Besonderheiten im Biorhythmus der Frau sollten Sportlerinnen beachten:

- Es gibt keine einheitlichen Ergebnisse bezüglich der Leistungsbereitschaft innerhalb des Menstruationszyklusses, allerdings lagert der Körper kurz vor und während der Blutung aufgrund hormoneller Veränderungen Wasser ein, was zu einer Körpergewichtszunahme von bis zu 1,5 Kilogramm führen kann. Gerade Läuferinnen empfinden dies meist als störend und fühlen sich allein schon aus diesem Grund weniger leistungsfähig.
- Eine Studie in einer Dunkelkammer brachte zu Tage, dass Frauen im Durchschnitt deutlich mehr Schlaf benötigen als Männer. Der Schlafbedarf steigt noch durch das Ausdauertraining. Gönnen Sie Ihrem Körper zwingend diese erholsamen Stunden, wenn er danach verlangt. Das ist so wichtig wie das Training selbst!

Auch wenn die Werbung uns verspricht, dass Frauen auch an ihren »Tagen« problemlos Sport treiben können: Unter Umständen können hormonelle Veränderungen Sie in Ihrer Leistungsfähigkeit beeinträchtigen oder gar zu einer Pause zwingen.

Motivation

Auch wenn Sie im Moment noch voller Vorfreude und Euphorie sind, weil Sie es kaum erwarten können, mit dem Training zu beginnen: Es wird immer wieder Tage geben, an denen Sie sich müde, demotiviert, einfach saft- und kraftlos fühlen und einfach keine Lust haben zu trainieren. Das ist ganz normal. Falls dieser Zustand jedoch gehäuft auftritt, sollten Sie kritisch Ursachenforschung betreiben, gegebenenfalls sogar einen Arzt konsultieren. Wenn hierdurch jedoch bewusst oder unbewusst dem Sporttreiben ausgewichen wird, ist es an der Zeit, die eigenen Schwächen zu überlisten:

- Führen Sie sich immer wieder Ihr(e) Ziel(e) vor Augen. Außerdem ist es wichtig, sich kleine erreichbare »Etappenziele« zu setzen. Es verleiht ungeheuren Antrieb, wenn wir merken, dass wir mit eigener Kraft etwas geschafft haben, dessen Umsetzung wir

Reebok
Expertentipp
Wenn Sie in punkto Motivation ganzheitlich denken, bedeutet das für Sie: Pflegen Sie Ihren Körper, tun Sie etwas Gutes für Ihre Seele, stärken Sie Ihren Geist, und achten Sie auf Ihre Umgebung.

noch vor kurzer Zeit für sehr unwahrscheinlich gehalten haben. Peilen Sie beispielsweise eine Gewichtsreduktion um zehn Kilogramm an, planen Sie für den ersten Monat zwei Kilogramm Gewichtsverlust ein. Suchen Sie sich eine Hose aus, die Ihnen eine Nummer zu klein ist, und stellen Sie sich vor, wie Sie bei Ihnen in drei bis vier Monaten wie angegossen sitzt. Führen Sie über Ihr Gewicht Buch!

● Verabreden Sie sich mit Freunden zum Sporttreiben, denn man versetzt Freunde nicht gerne. Außerdem macht es Spaß, die Erlebnisse zu teilen oder sich beim lockeren Laufen, Radeln, Skaten etc. über die letzten Tage auszutauschen. Es spielt keine entscheidende Rolle, ob Ihre Mitstreiter besser oder schlechter trainiert sind, es sollte immer die Regel gelten, dass man sich am schwächsten Glied der Kette orientiert! Erfahrenere Sportlerinnen können Ihre Erfahrung den Einsteigerinnen weitergeben und diese gemeinsame Trainingseinheit als »aktive Erholung« sehen.

● Gönnen Sie sich ab und zu ein neues Trainingsequipment. Sie werden überrascht sein, wie schön es sich mit einem neuen Laufschuh läuft, wie bequem es sich in der neuen Radhose in die Pedale treten lässt.

● Dokumentieren Sie Ihr Training (siehe Kopiervorlage auf der gegenüberliegenden Seite).

● Führen Sie ab und zu Selbsttests (siehe Kapitel »Die sportmedizinische Untersuchung«, Seite 37ff.) oder Wettkämpfe zur Bestimmung Ihrer aktuellen Leistungsfähigkeit durch, und notieren Sie das Ergebnis rot in Ihren Trainingsaufzeichnungen. So dokumentieren Sie Ihren Trainingsfortschritt! Neben dem Erfassen der Sportart, Trainingsdauer und Herzfrequenz hat es sich als nützlich erwiesen, das Befinden beim Training, die tägliche Schlafdauer, wenn möglich den Ruhepuls (vor dem Aufstehen) und das Körpergewicht zu notieren. So macht man sich kleine Etappenziele schwarz auf weiß bewusst und kann auch Negativentwicklungen rechtzeitig bemerken und aktiv stoppen.

Von wegen »hinter dem Ofen verkriechen« – ein lockerer Lauf durch die Winterlandschaft hat auch seinen ganz eigenen Charme.

Trainingsdokumentation

Datum	Ruhepuls	Schlafdauer	Gewicht	Sportart	Dauer	Puls (Durchschnitt)	Puls (max.)	Befinden/ Kommentar
1. Woche			**Gesamtdauer Sport:**					
2. Woche			**Gesamtdauer Sport:**					
3. Woche			**Gesamtdauer Sport:**					
4. Woche			**Gesamtdauer Sport:**					

Für jede die geeignete Sportart

Laufen und Walken

Das Laufen kann man guten Gewissens als »die Mutter aller Ausdauersportarten« bezeichnen. Wir alle lernen das Laufen im Prinzip schon von Kindesbeinen an. Aufgrund unserer ungesunden Lebensweise, wie dem Arbeiten am Computer, den tagtäglichen Fernsehabenden, dem Benützen von Fahrstühlen, Rolltreppen und Autos, haben wir diese natürliche Bewegungsform teilweise wieder verlernt, nein, nicht wirklich verlernt, aber verdrängt. Dabei gehört Laufen zu den gesündesten Sportarten überhaupt. Da beim Laufen das eigene Körpergewicht getragen werden muss, ist der gesamte Körper in Aktion. Dies führt zu einem sehr effektiven Herz-Kreislauf-Training, außerdem zu einem relativ hohen Kilokalorienverbrauch pro Stunde von ungefähr 600 Kilokalorien. Der exakte Verbrauch ist letztendlich entscheidend von Ihrer Laufgeschwindigkeit, Ihrem Körpergewicht, aber auch von Faktoren wie Umgebungstemperatur und dem allgemeinen Trainingszustand abhängig.

Laufen oder Walken?

Prinzipiell können Sie, sofern Sie gesund sind und keine beeinträchtigenden orthopädischen Probleme haben, sofort loslegen. Sollten Sie sehr starkes Übergewicht haben, würde ich Ihnen zunächst zum Walken, Radfahren oder Schwimmen raten, um die Gelenke nicht übermäßig zu belasten. Walken bietet sich geradezu an für Einsteigerinnen und Frauen mit Übergewicht. Zum einen kann die Herz-Kreislauf-Belastung niedriger gehalten werden, zum anderen ist die Belastung für den Bewegungsapparat deutlich geringer als beim Laufen. Auch bei speziellen orthopädischen Problemen, wie beispielsweise Rückenbeschwerden, kann das Walken wegen der geringeren Stoßbelastungen vorteilhaft sein.

Beim Laufen und Walken müssen Sie in den meisten Fällen nicht zwingend zu einer bestimmten Trainingsstätte hinfahren, sondern

Reebok

Expertentipp

Walken Sie auch im Alltag. Viele Strecken, die Sie zu Fuß absolvieren, können kleine Walkingeinheiten werden, wenn Sie versuchen etwas schneller als gewöhnlich zu gehen.

Sogar im Urlaub oder auf Geschäftsreise müssen Sie nicht aufs Laufen verzichten, da Sie die Schuhe überallhin mitnehmen können.

können oft schon vor der eigenen Haustür loslegen. Laufbekleidung und Lauf- oder Walkingschuhe sind schnell übergestreift und lassen sich wegen ihres geringen Platzbedarfs auch überall mit hinnehmen. Ob Sie berufstätig sind oder den Haushalt managen oder gar beides, ein Lauf- oder Walkingtraining lässt sich fast immer in den Tagesablauf integrieren. Selbst mit Kleinkind müssen Sie nicht untätig warten, bis Oma, Opa oder Ihr Mann Ihnen den Rücken freihalten, mit Baby-Jogger können Sie und Ihr Kind die Umwelt schnellen Schrittes erkunden.

Wie viel Zeit man für das Training investieren sollte, hängt entscheidend von den individuell gesteckten Zielen ab. Als Laufeinsteigerin muss man sich erst einmal ganz langsam an eine gewisse Laufdauer und -häufigkeit herantasten. Ist diese Phase des Einstiegs gemeistert, können folgende Mindesttrainingszeiten als Richtlinien gelten:

- Begleitend zu anderen Sportarten: zweimal wöchentlich 30 bis 60 Minuten
- Zur Steigerung der Fitness und Ausdauer: zwei- bis dreimal wöchentlich 30 bis 60 Minuten
- Zum Bestreiten eines Marathons: drei- bis viermal wöchentlich 40 bis 180 Minuten.

Je ambitionierter Sie sind, desto komplexer wird sich Ihr Training gestalten. Exemplarische Trainingspläne finden Sie im Kapitel »Das Training in der Praxis« (Seite 66ff.). Der Zeitaufwand des Walkens ist dem des Laufens vergleichbar. Wegen der geringeren Herz-Kreislauf- und orthopädischen Beanspruchung sind jedoch auch längere Trainingseinheiten möglich.

Als Einsteigerin sollte man es gemächlich angehen lassen. Vielleicht gehen Sie erst einmal mit einer Freundin zum Walking?

Welche Ausrüstung benötigen Sie?

Verglichen mit anderen Sportarten ist der Finanzaufwand für die Sportausrüstung gering. Anfangs reichen ein paar Lauf- oder Walkingschuhe und eine der Witterung angepasste Laufkombination aus Funktionsfasern. Natürlich können Sie Ihre ersten Einheiten in T-Shirt und Jogginghose starten, bei regelmäßigem Training werden Sie die Vorteile von Funktionsbekleidung aber schätzen lernen.

Der Laufschuh: Ihr wichtigstes Laufequipment ist der Schuh. Gerade Einsteigerinnen machen oft den Fehler und laufen zunächst in irgendwelchen Tennis- oder Turnschuhen. Dabei benötigen gerade sie wegen der noch schlecht trainierten Muskulatur und des oftmals unökonomischen Laufstils einen besonders guten, individuell geeigneten Schuh. Doch wie findet man in dem riesigen Angebot an Laufschuhen den richtigen Schuh für sich? Lassen Sie sich unbedingt in einem speziellen Lauffachgeschäft beraten, und bestehen Sie darauf, die Schuhe vor Ort zu testen. Etliche Laufshops bieten inzwischen auch Laufbandanalysen an.

- Probieren Sie die Schuhe zu der Uhrzeit, an der Sie bevorzugt laufen, oder am Nachmittag, denn Ihre Füße sind je nach Tageszeit, Umgebungstemperatur und vorangegangener Aktivität unterschiedlich stark angeschwollen.
- Ihre Zehen sollten 1 bis 1,5 Zentimeter Spielraum nach vorn für die Abroll- und Abstoßbewegung haben. Sie müssen sich sofort im Schuh wohl fühlen und das Gefühl haben, dass er passt.
- Kaufen Sie lieber einen Schuh, der Ihnen beim Aufkommen auf dem Boden »hart« vorkommt, als einen Schuh mit sehr weicher Sohle. Beim Gehen mag das »softe« Gefühl angenehm sein, beim Laufen wird Ihnen der Schuh bald schwammig vorkommen.
- Ein guter Laufschuh muss dämpfen, stützen und führen. Da der Verbraucher dem Schuh nicht zwingend ansieht, ob er nun besonders gut dämpft, führt oder stützt, teilen die meisten Laufschuhhersteller ihre Schuhpalette in Kategorien ein.
- Speziell für schwergewichtige Läuferinnen, die beim Aufsetzen des Fußes verstärkt einwärts knicken – überpronieren –, sollte ein Schuh mit geradem Leisten und Stützelement am Sohleninnenrand gewählt werden.

Was sollte beim Schuhkauf beachtet werden? Eine Laufbandanalyse ist durchaus sinnvoll, denn ein Großteil der Bevölkerung hat Fußfehlstellungen wie Knick-, Senk-, Spreiz- oder Hohlfuß, denen man durch die geeignete Schuhauswahl und teilweise auch durch spezielle Sportschuheinlagen Rechnung tragen muss.

Laufsport-Zeitschriften

Condition
Meyer&Meyer Verlag
Von Coels Straße 390
52080 Aachen

Runner´s world
Heinrich-Vogl-Straße 22
81737 München
www.runners-world.de

RUNNING
Agentur WAG´s
Badenweilerstr. 2-4
79115 Freiburg

- Sollte Ihr Fuß verstärkt nach außen wegknicken – supinieren –, benötigen Sie ein Stützelement an der Sohlenaußenseite.
- Tragen Sie Einlagen in Ihren Alltagsschuhen, werden Sie diese mit ziemlicher Sicherheit auch für Ihre Laufschuhe benötigen. Wahrscheinlich werden Sie in diesem Fall mit Neutralschuhen am besten zurechtkommen, also mit Schuhen ohne korrigierende Stützelemente.
- Sind Sie eine Vorfußläuferin, d. h., Sie berühren den Boden zuerst mit dem Vor- oder Mittelfuß und nicht mit der Ferse, sollten Sie einen Schuh mit gebogenem Leisten und getrenntem Vor- und Rückfußbereich wählen.
- Die großen Laufschuhhersteller bieten spezielle Frauenlaufschuhe an. Diese unterscheiden sich durch einen schmaleren Schnitt und eine Sohlenkonstruktion, die dem durchschnittlich geringeren Körpergewicht der Frau gerecht wird. Aber Sie müssen keinen Frauenschuh laufen, wenn Sie mit dem Männermodell besser zurechtkommen!

Der Walkingschuh: Von außen sehen viele Walkingschuhe aus wie Laufschuhe. Es gibt aber ein paar Unterschiede, die es empfehlenswert machen, sich einen speziellen Walkingschuh zuzulegen.

- Beim Walken ist der Zehenhub größer als beim Laufen, das bedeutet, dass besonders die Schienbeinmuskulatur beansprucht wird. Durch eine flachere Sohlenkonstruktion im Fersenbereich wird die Belastung auf diese Muskelgruppe verringert, das Walken dadurch angenehmer und schonender.
- Die meisten Walkingschuhe haben robusteres Obermaterial als normale Laufschuhe und eine die Abrollbewegung unterstützende Sohlenkonstruktion.

Die Bekleidung: Früher oder später sollte man auf die so genannte Funktionsbekleidung zurückgreifen. Deren Fasereigenschaften ermöglichen es, den Schweiß durch die Kleidung nach außen zu

Oben: Leichter Trainingsschuh gebogenen Leisten (Reebok Premier Road DMX).
Unten: Stabilschuh mit geraden Leisten (Reebok Premier Control DMX).

transportieren, wo er rasch verdunstet und damit zur Regulierung der Körpertemperatur beiträgt. Hierdurch fühlt man sich nicht nur angenehm trocken, sondern der Organismus spart durch diese Unterstützung der Thermoregulierung Energie, die er sonst hierfür aufbringen müsste.

Das komplette Programm der Funktionsbekleidung gibt es als Frauenlinie, mit speziell an die weibliche Figur angepassten Schnitten. Die Bekleidungskollektion reicht von der Funktionsunterwäsche bis zur frostresistenten Jacke und Hose. Gerade bei kühler Witterung oder Wind empfiehlt sich eine Weste, Jacke oder Hose mit Windbraker-Beschichtung, die windundurchlässig ist. Regen? Kein Problem: Auch wasserdichte Funktionsbekleidung ist im Programm. Während die althergebrachten Regenjacken Wasser weder hinein- noch hinauslassen, was dazu führt, dass man seine Trainingseinheit zwar nicht regennass, dafür aber schweißgebadet beendet, lassen die Funktionsregenjacken den Schweiß hinaus, den Regen aber nicht hinein. Wie Sie sehen: Es gibt kein schlechtes Wetter, es gibt nur die falsche Bekleidung!

Pulsuhr: Sind Sie mehrmals pro Woche in Sachen Ausdauertraining unterwegs, rate ich Ihnen zur Anschaffung einer Pulsuhr! Neben der Anzeige der aktuellen Herzfrequenz weisen viele Modelle noch weitere Funktionen, wie Stoppuhr, Anzeige des Kilokalorienverbrauchs oder der zurückgelegten Höhenmeter, auf. Manche Uhren schlagen nach einem kurzen Fitnesstest sogar den Herzfrequenzbereich vor, in dem trainiert werden sollte. Dies ist zwar nicht so präzise wie eine sportmedizinisch gestützte Bestimmung der individuellen Trainingsbereiche, für den Einstieg aber sicher eine praktische Hilfe.

In der Gruppe läuft es sich leichter. Man hat mehr Spaß und motiviert sich gegenseitig.

Radfahren

Wenn Sie das Radfahren als Ihre Sportart entdecken, müssen Sie sich im Klaren darüber sein, dass der Zeitaufwand insgesamt höher ist als beispielsweise für das Laufen. Insofern sollten Sie über ein gewisses Zeitbudget für Ihr Training verfügen! Bei bestimmten orthopädischen Problemen und Übergewicht kann Radfahren die ideale Ausdauersportart darstellen. Bei gravierenden Problemen im Bereich der Wirbelsäule ist die gekrümmte Haltung auf dem Rad allerdings manchmal unangenehm. Hier sollte man sich auf Sportarten im Wasser, beispielsweise Aquajogging oder Kraulschwimmen, verlegen und je nach Beschwerdebild ein Rumpfkräftigungs- (siehe Seite 86ff.) oder Entspannungsprogramm (siehe Seite 46f.) absolvieren.

Da beim Radfahren das eigene Körpergewicht nicht getragen werden muss, werden weniger Muskeln als beim Laufen eingesetzt, die Herzfrequenz ist niedriger und die Belastung besser dosierbar. Dies stellt gerade für Ausdauersporteinsteigerinnen einen enormen Vorteil dar, denn will man in den individuell sinnvollen Herzfrequenzbereichen trainieren (siehe Kapitel »Die sportmedizinische Untersuchung«, Seite 30ff.) kommt man beim Radfahren selbst als Einsteigerin akzeptabel vorwärts, während man beim Laufen oft in den Gehschritt wechseln muss oder zumindest das Lauftempo drastisch reduzieren muss, was natürlich zu Frustrationserlebnissen führen kann. Wegen des geringeren Muskeleinsatzes beim Radfahren ist der Kilokalorienverbrauch pro Stunde insgesamt etwas niedriger als beim Laufen, hängt letztendlich aber natürlich auch von der Fahrgeschwindigkeit, dem Körper- und Radgewicht und Faktoren wie Umgebungstemperatur, Terrain und dem allgemeinen Trainingszustand ab.

Abhängig von Ihren Zielen variiert der Zeitaufwand für das Radfahren beträchtlich. Im Folgenden eine grobe Einschätzung:

- Begleitend zu anderen Sportarten: ein- bis zweimal wöchentlich ein bis zwei Stunden

Beim Radfahren können auch unterschiedlich leistungsstarke Personen zusammen trainieren: Der leistungsstärkere Radler fährt einfach vor und kurbelt mit einer höheren Trittfrequenz.

Radsport-Zeitschriften

TOUR-Das Rennradmagazin
Steinerstraße 15d
81369 München
www.tour-magazin.de

**BIKE-Das Mountain-
bikemagazin**
Steinerstr. 15
D-81369 München
www.bike-magazin.de

- Steigerung der Fitness und Ausdauer: zwei- bis dreimal wöchentlich ein bis zwei Stunden
- Teilnahme an Radtouristiken: zwei- bis dreimal wöchentlich ein bis vier Stunden.

Auch hier gilt: Je ehrgeiziger Ihre Ziele, umso umfangreicher und komplexer wird sich Ihr Training gestalten. Profistraßenfahrerinnen sitzen bis zu 40 Stunden pro Woche im Sattel! Exemplarische Trainingspläne finden Sie im Kapitel »Das Training in der Praxis« (siehe Seite 66ff.).

Welche Ausrüstung benötigen Sie?

Im Mittelpunkt steht natürlich das Rad. Kaufen Sie Ihr Fahrrad unbedingt im Fachhandel, und/oder nehmen Sie sich eine fachkundige Begleitung mit. Im Folgenden einige Tipps, worauf Sie beim Fahrradkauf achten sollten:

Auch bei der größten Hitze ist der Fahrradhelm ein Muss!

- Es sollte im Vorfeld genau überlegt werden, welchen Anforderungen das Rad standhalten soll.
  Citybike: Stadteinsatz auf ebenen Straßen
  Mountainbike: bergige oder wellige Wald- und Forstwege
  Rennrad: Straße, Triathlon- oder Duathlonwettkampf
  Trekking- oder Crossrad: Diese beiden Radtypen sind für alle Einsatzmöglichkeiten geeignet, jedoch für keine die Toplösung.
- Lassen Sie sich vom Verkäufer unbedingt »vermessen« (Schritt-, Armlänge, Schulterbreite etc.). Nur so kann die richtige Rahmengröße und Geometrie für Sie gefunden werden!
- Je nach Körpergröße und Beinlänge sollte auf einen speziellen Damenrahmen oder einen Rahmen mit abfallendem Oberrohr, dem so genannten sloping-style, zurückgegriffen werden.
- Wichtige Komponenten wie Schaltung und Bremsen sollten Qualitätsprodukte sein.
- Probieren Sie vor dem Kauf verschiedene Sättel aus. Wegen des insgesamt breiteren Beckens und weiter auseinander stehenden

Sitzbeinknochen benötigen Frauen einen etwas breiteren und kürzeren Sattel als Männer. Erkundigen Sie sich nach speziellen Frauensätteln.

- Viele der sportlich ausgelegten Räder sind mittlerweile mit so genannten Klickpedalen ausgestattet. Bei dieser Art Pedal »klickt« man sich mit einer unter einem speziellen Radschuh befindlichen Platte in die Pedalvorrichtung ein und verbindet so Schuh und Pedal zu einer festen Einheit. Die Verbindung ist meist durch eine Seitwärtsbewegung der Ferse wieder aufzulösen. Der Vorteil dieses Systems liegt darin, dass man nicht nur »in die Pedale treten«, sondern auch bei der Aufwärtsbewegung der Pedale Kraft, in Form einer Zugbewegung, auf das Rad übertragen kann. Ungeübten und nicht wettkampforientierten Fahrerinnen kann ein solches System jedoch nicht uneingeschränkt empfohlen werden, da nicht selten Unfälle mit Knochenbrüchen vorkommen, weil vergessen wurde, den Schuh vom Pedal zu lösen, etwa an der Ampel.

- Getränkehalter, Luftpumpe, Flickzeug und optional ein Tacho, Schutzbleche oder Gepäckträger ergänzen die optimale Ausrüstung.

- Grundsätzliches zum Thema »Pulsuhr« und »Funktionsbekleidung« finden Sie bei den Sportarten Laufen und Walken (siehe Seite 18f.).

Wichtig: Fahren Sie immer mit Helm, auch wenn er Ihre Frisur »zerstört«. Die meisten tödlichen Verletzungen beim Radfahren hätten vermieden werden können, wenn die Fahrerin oder der Fahrer einen Helm getragen hätte! Wenn Sie lange Haare haben und beim Radfahren einen Pferdeschwanz tragen, probieren Sie den Helm auch unbedingt mit dieser Frisur im Geschäft an.

Sitzprobleme beim Radfahren

Viele Frauen klagen über Sitzprobleme beim Radfahren. Hört man sich bei Rad fahrenden Freundinnen oder auch Profisportlerinnen um, wird man von jeder eine andere Antwort bekommen, sprich, ein Patentrezept scheint es hier nicht zu geben. Wenn Sie aber auf folgende Punkte achten, können Sie das Sitzproblem weitgehend in den Griff bekommen.

- Der Rahmen sollte individuell angepasst sein.
- Achten Sie auf die richtige Lenkerbreite – die in vielen Serienrä-

dern verwendeten Lenker sind zu breit, da sie dem Männerkreuz angepasst sind.

- Der (Frauen-)Sattel sollte in einer waagerechten und mittigen Position sein.
- Die Laufräder sollten weder extrem schmal noch extrem hart aufgepumpt sein.
- Benutzen Sie eine Radhose mit frauenspezifischem Einsatz. Diesen Einsatz kann man zusätzlich mit spezieller Sitzcreme oder auch Vaseline bearbeiten. Dadurch schmiegt er sich besser dem Körper an, wirft keine Falten und führt auch bei intensiver Beanspruchung nicht zu Druckstellen.
- Fahren Sie lieber in hügeligem Terrain als auf der Ebene, da dort öfter die Sitzposition auf dem Rad gewechselt werden muss und somit die Belastung auf mehrere verschiedene Muskelgruppen und Druckpunkte verteilt wird.

Schwimmen und Aquajogging

In einer etwa zehnköpfigen Gruppe bewegen wir uns in seltsam langsamer Geschwindigkeit durch das Wasser. Kurz unterhalb der Oberfläche erahnt man blaue Hüftgurte. Eine lebhafte Unterhaltung und eine äußerst unökonomisch erscheinende aufrechte Wasserlage unterscheiden uns von den stumm ihre Bahnen ziehenden Schwimmern. Ab und zu kommt die mitleidige Frage, ob wir schwimmen lernen würden. Nein, wir betreiben Aquajogging. Was vor zehn Jahren überwiegend als Rehabilitationsmaßnahme von Hochleistungssportlern nach Verletzungen angesehen wurde, hat sich mittlerweile zu einer echten alternativen Trainingsform etabliert.

Grundsätzlich sind Schwimmen und Aquajogging für Frauen geglichen Körpertyps geeignet. Aufgrund der Tatsache, dass wir im Wasser nur ein Zehntel unseres Körpergewichts haben, sind diese Sportarten auch für Übergewichtige eine ideale Art, sich zu bewegen und etwas für die Gesundheit zu tun. Bei Rückenproblemen wird

Immer mehr prominente Sportler gehen dazu über, Aquajogging als Trainingseinheit oder wirkungsvolle Rehabilitationsmaßnahme zu nutzen.

Frauen mit Bindegewebs-
schwäche aufgepasst:
Regelmäßiges Bewegungs-
training im Wasser beugt
Zellulite vor.

Schwimmen ausdrücklich empfohlen, allerdings sollte man sich – vor allem bei Problemen im Halswirbelbereich – aufs Rücken- und Kraulschwimmen beschränken. Aquajogging eignet sich hervorragend als Rehabilitationsmaßnahme bei Verletzungen am Bewegungsapparat.

Durch den Auftrieb des Wassers werden bei allen Wassersportarten die Gelenke, Sehnen und Bänder entlastet. Hierdurch wird nicht nur ein Gefühl der Schwerelosigkeit vermittelt, sondern es werden einige Bewegungen deutlich erleichtert. Außerdem kommen Achsfehlstellungen, wie O-Beine oder Wirbelsäulenverkrümmungen, und andere orthopädische Probleme kaum zum Tragen. Die Gefahr der Ausbildung von muskulären Dysbalancen, also muskulären Ungleichgewichten, wird verringert. Wasser ist ein relativ träges Element, weshalb alle Bewegungen verhältnismäßig langsam ausgeführt werden. Dies erleichtert die bewusste Verinnerlichung von Bewegungsabläufen, da das Gehirn mehr Zeit bekommt, um die Bewegungsabläufe umzusetzen. Die Körperwahrnehmung wird hierdurch geschult und verbessert.

Die Herzfrequenz im Wasser bei vergleichbarer Belastungsintensität ist um etwa 10 bis 15 Schläge niedriger als beim Laufen an Land. Das liegt daran, dass durch den hohen Wasserdruck das Blutvolumen im Herzen größer ist, und somit kann pro Herzschlag mehr Blut in den Kreislauf gepumpt werden. Deshalb eignet sich das Training im Wasser besonders für Ausdauereinsteigerinnen. Durch den Einsatz großer Muskelgruppen lässt sich der Puls jedoch nach einer gewissen »Lernphase« auch bis in maximale Bereiche treiben. Es ist also ein Training mit einer großen Variationsbreite bezüglich der Herzfrequenz möglich. Da der Wasserdruck höher als der Luftdruck ist, wird der Brustkorb im Wasser mehr zusammengedrückt als an Land, und es muss eine größere Atemarbeit verrichtet werden. Das wiederum bewirkt eine Kräftigung der Atemhilfsmuskulatur.

Das Training im Wasser bietet sich auch als »aktive Erholung« von anderen Ausdauersportarten an: Zum einen wirkt Wasser psychisch

**Schwimmsport-
Zeitschrift**

Swim & more
Deutscher Schwimmverband
Postfach 420140
34070 Kassel

entspannend, zum anderen erfolgt durch die Bewegung gegen den Wasserwiderstand eine ständige großflächige (Bewegungs-)Massage und ein effektiver Abbau von Stoffwechselprodukten. Der Rückstrom des Bluts und der Lymphflüssigkeit zum Herzen wird durch die Bewegung und den Wasserdruck begünstigt, die Beine schwellen ab, und man fühlt sich anschließend wie »neugeboren«!

Zweifelsohne ist eine Schwimm- oder Aquajogging-Trainingseinheit durch den Anfahrtsweg, das Umziehen etc. mit einem etwas größeren zeitlichen Aufwand pro Trainingseinheit verbunden als ein »Outdoortraining«, das fast zu jeder Tages- und Nachtzeit an so gut wie jedem beliebigen Ort durchführbar ist. Mit folgendem Zeitaufwand dürfen Sie rechnen:

- Begleitend zu anderen Sportarten: ein- bis zweimal wöchentlich 20 bis 40 Minuten.
- Zur Steigerung der Fitness und Ausdauer: zwei- bis dreimal wöchentlich 20 bis 40 Minuten.

Auch hier gilt: Je ehrgeiziger Ihre Ziele, umso umfangreicher und komplexer wird sich Ihr Training gestalten.

Welche Ausrüstung benötigen Sie?

Das wichtigste Utensil beim Wassersport ist natürlich der Badeanzug, wobei für das Schwimmtraining ein »swimsuit«, also ein Sportbadeanzug mit am Rücken überkreuz verbundenen Trägern, am besten geeignet ist. Empfehlenswert ist auch eine Chlorbrille und

Beim Aquajogging tun Sie nicht nur etwas für Ihr Herz-Kreislauf-System, sondern »gönnen« sich gleichzeitig eine Ganzkörpermassage.

eventuell eine Bademütze. Um Ihre Herzfrequenz genau überprüfen zu können, benötigen Sie außerdem ein wasserdichtes Pulsmessgerät. Zum effektiven Aquajoggingtraining sollten Sie auf einen Aquajogginggurt nicht verzichten; dieser kann in einigen Bädern sogar ausgeliehen werden.

Inlineskaten

Sind Sie als Kind Schlittschuh oder Rollschuh gelaufen? Dann probieren Sie es doch auch mal mit dem Inlineskaten, oder »reaktivieren« Sie Ihre im Keller verstaubenden Inliner wieder! Die immer noch stark ansteigende Zahl der Skaterinnen, die an Marathonwettkämpfen teilnehmen, zeigt, dass Inlineskaten zunehmend auch einen Platz als (Wettkampf-) Sportart einnimmt.

Inlineskaten findet immer mehr Freunde: Manche Städte haben sogar einen speziellen Tag in der Woche eingerichtet, an dem die Skater ungestört von Autos über die Straßen rollen dürfen.

Was die Beanspruchung des Bewegungsapparats betrifft, kann man das Inlineskaten zwischen Laufen und Radfahren einordnen. Bei der muskulären Belastung ist es dem Radfahren näher, bei der Herz-Kreislauf-Belastung dem Laufen. Mit ein bisschen Übung und der entsprechenden Technik kommt man recht schnell vorwärts, ohne sich stark zu belasten, auf der anderen Seite sind auf den Skates aber auch hochintensive Belastungen möglich. Entsprechend der sehr variablen Belastungsintensität variiert der Kilokalorienverbrauch pro Stunde beträchtlich. Das sportliche Skaten ist hinsichtlich des Energieverbrauchs mit ca. 600 Kilokalorien pro Stunde dem Laufen sehr nahe. Ein schöner Zusatzeffekt des Raceskatens in vorgebeugter Haltung ist neben der Verbesserung der Ausdauer die Kräftigung der Rumpfmuskulatur.

Vom Zeitaufwand ist das Inlinetraining mit dem Lauftraining vergleichbar:

- Begleitend zu anderen Sportarten: einmal wöchentlich 30 bis 60 Minuten.
- Zur Steigerung der Fitness und Ausdauer: zwei- bis dreimal wöchentlich 40 bis 90 Minuten.

- Als Training für einen Inlinemarathon: zwei- bis viermal wöchentlich 40 bis 180 Minuten.
- Als wettkampforientierte Raceskaterin wird sich Ihr Training zunehmend komplexer und umfangreicher gestalten. Pläne hierzu finden Sie im Kapitel »Das Training in der Praxis« (Seite 66ff.).

Welche Ausrüstung benötigen Sie?

Da Sie beim Skaten schnell 25–30 km/h schnell werden, sollten Sie nie ohne komplette Schutzausrüstung an den Start gehen!

Man unterscheidet Fitness-, Speed-, Hockey- und Halfpipeskates, wobei für Sie in erster Linie die Fitness- oder Speedskates infrage kommen werden. Speedskates, Skates mit je fünf Rollen und einem nur knöchelhohen Schuh, sind allerdings nur ambitionierten Ausdauer- und Wettkampfsportlerinnen mit bereits großer Fahrsicherheit zu empfehlen. Viele Hersteller bieten spezielle Frauenskates an. Der Leisten ist auf die typische Form eines Frauenfußes zugeschnitten, ferner haben die Skates ein schmaleres Fußbett und – besonders wichtig – einen niedrigeren Schaft, denn Frauen haben einen etwas tieferen Ansatz der Wadenmuskulatur. Ein zu hoher Schaft drückt oft in die Wadenmuskulatur und verhindert so eine optimale Kraftübertragung und vermindert außerdem den Tragekomfort. Man sollte sich in einem Fachgeschäft beraten lassen und lieber ein paar Euro mehr in die Skates investieren, als sich später über schlecht drehende Rollen oder einen drückenden Schuh zu ärgern. Kaufen Sie die Skates zu Ihrer bevorzugten Trainingszeit oder am Nachmittag, da die Füße im Laufe des Tages anschwellen, was zu Größendifferenzen

führt. Wichtig: Die Skates unbedingt im Laden Probe fahren! Auf die komplette Schutzausrüstung sollte auf keinen Fall verzichtet werden! Hierzu zählen Ellenbogen- und Knieschützer sowie Handgelenksschoner in Form von Kunststoffschienen an den Handinnen- und -außenseiten. Den Kopf schützen Sie durch einen Helm. Es gibt zwar spezielle Skatinghelme, mit einem Radhelm ist Ihnen aber durchaus auch gedient. Vergessen Sie auch beim Skaten Ihre Pulsuhr nicht. Die Herzfrequenz ist vergleichbar der beim Laufen.

Duathlon/Triathlon-Zeitschrift

TRIATHLON
Spomedis GmbH
Stahlwiete 10
22761 Hamburg

Multisportarten

Multisportarten setzen sich aus verschiedenen Einzeldisziplinen zusammen, die im Wettkampf dann in bestimmter Reihenfolge direkt nacheinander zu absolvieren sind. Die bekanntesten Multisportarten sind der Triathlon, bei dem zuerst geschwommen, dann Rad gefahren und abschließend gelaufen wird, und der Duathlon,

Schwimmen bildet den Auftakt zum Ausdauerdreikampf Triathlon. Es folgen die Sportarten Radfahren und Laufen.

der sich aus Radfahren und Laufen zusammensetzt. Neben diesen Kombinationssportarten gibt es weitere Multisportevents, bei denen geskatet, Mountainbike gefahren, geklettert oder gerudert wird. Der Phantasie sind hier fast keine Grenzen gesetzt.

Wenn Sie die Abwechslung lieben, Ihren Körper vielseitig trainieren wollen, mit den einzelnen Disziplinen schon Erfahrung gesammelt haben, vielleicht sogar das Abenteuer Multisportwettkampf anvisieren und über ein gewisses Zeitbudget für das Training verfügen, dann kann ich Ihnen zu einer Ausdauersportkombination raten. Die Vorteile liegen auf der Hand:

- Das Herz-Kreislauf-System wird bei allen Sportarten gefördert, die Belastung des Bewegungsapparats gestaltet sich sehr variabel, was chronischen Überlastungsschäden vorbeugt.
- Je nach Jahreszeit, Umgebung, Lust und Laune können Sie Ihre Schwerpunktsportart wählen. Beispielsweise kostet Radfahren im Winter bei eisigem Wind schon eine Menge Überwindung und erfordert gute Bekleidung. Als Tri- oder Duathletin weichen Sie einfach auf ein vermehrtes Lauf- oder Schwimmtraining aus.

Die »Urmultisportart«, der Triathlon, kam bei einer Untersuchung, bei der 50 Sportarten wissenschaftlich nach Gesundheitskriterien unter die Lupe genommen wurden, auf Platz eins!

Wollen Sie Ihr Training einfach nur multisportlich gestalten, ist der Zeitaufwand überschaubar und liegt bei zwei bis drei unterschiedlichen Ausdauereinheiten pro Woche von je 30 bis 60 Minuten. Planen Sie, einen Wettkampf zu bestreiten, kann der Aufwand je nach Streckenlänge und Zeit- oder Platzierungsvorstellung schnell in die Höhe schnellen. Dies muss aber nicht sein. Einen exemplarischen Plan zum sicheren »Finishen« einer Triathlonvolksdistanz (600 m Schwimmen, 20 km Radfahren und 5 km Laufen) finden Sie im Kapitel »Wettkampfvorbereitung und Wettkampf« (Seite 94ff.).

Natürlich wird die Ausrüstung aller Einzeldisziplinen benötigt – nachzulesen bei den Sportarten Laufen, Radfahren und Schwimmen –, so dass hier insgesamt der höchste finanzielle Aufwand nötig ist. Auch die Startgebühr, um an einem Wettkampf teilnehmen zu dürfen, ist wegen des hohen Organisationsaufwands recht hoch.

Die sportmedizinische **Untersuchung**

Wie fit sind Sie?

Bei einer sportmedizinischen Untersuchung handelt es sich um eine ganz »normale« Ganzkörperuntersuchung, wie sie in der ärztlichen Praxis oder im Krankenhaus üblich ist, allerdings unter der speziellen Fragestellung der Sporttauglichkeit.

Bei bekannten gesundheitlichen Problemen, wie beispielsweise Bluthochdruck, soll Hilfestellung hinsichtlich der sinnvollen Sportart sowie Trainingsumfang und -intensität gegeben werden. Grundsätzlich empfehle ich allen Sportlerinnen, die sich für ein regelmäßiges Ausdauertraining entscheiden, eine solche sportmedizinische Untersuchung, ganz unabhängig von Alter und Leistungsstand, durchführen zu lassen.

Zunächst werden Sie gründlich befragt, dies ist die so genannte Anamnese. Hier ist die eigene Mitarbeit gefragt: Je präziser Ihre Angaben, umso gezielter kann der Arzt oder die Ärztin bei den anschließenden Untersuchungen auf Sie eingehen. Sofern bei der Befragung keine Auffälligkeiten ans Licht kommen, folgt eine internistische und orthopädische Untersuchung.

Sollte in Ihrer Familie eine schwer wiegende Erkrankung bezüglich des Herz-Kreislauf-Systems oder eine Stoffwechselstörung, wie beispielsweise die Zuckerkrankheit, vorliegen, wird der Arzt unter Umständen spezielle Untersuchungen veranlassen, um festzustellen, inwiefern diese Erkrankung auch bei Ihnen »schlummert« und womöglich Ihre Sporttauglichkeit einschränkt.

Eine Urin- und Blutuntersuchung, bei der neben dem roten und weißen Blutbild auch Entzündungszeichen, Stoffwechselparameter, Elektrolyte und – gerade bei uns Frauen wichtig – der komplette Eisenstatus (inklusive Ferritin = Eisenspeicher!) erfasst wird, sollte bei der Erstuntersuchung generell Pflicht sein. Abhängig vom Untersuchungsergebnis wird der Arzt dann weitere Kontrollen, meist in einem Drei- bis Fünf-Jahres-Rhythmus, mit Ihnen individuell absprechen.

Bei bestimmten Erkrankungen kann ein lockeres Ausdauertraining sogar »therapeutisch« wirken. So wird dabei beispielsweise der Spiegel des »guten« HDL-Cholesterins erhöht, der Blutdruck und das Körpergewicht werden reguliert.

Reebok
Expertentipp
Fit sein bedeutet neben den körperlichen Faktoren sich auch leistungsfähig, wohl und ausgeglichen zu fühlen. Denken Sie dabei an die Balance von Körper, Geist und Seele.

Wegen der besonderen Bedeutung Ihres Herzens beim Ausdauertraining muss der Arzt dieses sehr gründlich unter die Lupe nehmen. Ein Ruhe-EKG rundet die Herzuntersuchung ab. Finden sich dort Auffälligkeiten, wird ein Belastungs-EKG angeschlossen. Hierbei wird man auf einem Radergometer unter stufenweise ansteigender Belastung so weit ausbelastet, bis Symptome auftreten oder der Arzt die Untersuchung abbricht. Während dieser Untersuchung wird die Herzaktion kontinuierlich über Elektroden erfasst, die über dem Brustkorb angebracht sind. Je nach Befund kann dann auch noch eine Ultraschalluntersuchung des Herzens erfolgen. Das Belastungs-EKG kann auch gut mit einer Laktat-Leistungsdiagnostik kombiniert werden; diese kann allerdings auch unabhängig von der Sportuntersuchung durchgeführt werden.

Beim Belastungs-EKG sind auch Untersuchungen auf dem Laufband möglich, aber aus aufzeichnungstechnischen Gründen weniger gebräuchlich.

Die Laktat-Leistungsdiagnostik

Ein entscheidender Aspekt des effektiven Ausdauertrainings, egal in welcher Sportart, besteht darin, in den individuell optimalen Trainingsintensitätsbereichen zu trainieren. Mittels einer fachkundig durchgeführten Laktat-Leistungsdiagnostik ist eine Bestimmung dieser Trainingsbereiche relativ unkompliziert möglich, unabhängig davon, ob Sie Einsteigerin oder Wettkampfsportlerin sind. Im Folgenden einige Informationen zum besseren Verständnis dieser individuellen Leistungsbestimmung.

Alle Vorgänge im Körper benötigen Energie, die durch Nahrungsmittel in Form von Kohlenhydraten, Eiweißen und Fetten zugeführt wird. Die Nahrungsbestandteile werden im Magen-Darm-Trakt zerkleinert, resorbiert (aufgenommen) und als energiereiche chemische Verbindungen gespeichert. Eine Speicherform der Kohlenhydrate ist das Glykogen, das man hauptsächlich in der Muskulatur und in der Leber findet.

Bei niedriger Belastungsintensität kann die Muskulatur die zur Arbeit benötigte Energie durch die so genannte aerobe Glykolyse und die Lipolyse (Fettabbau) gewinnen. Hierbei werden Glykogen bzw. Fettsäuren unter Vorhandensein von ausreichend Sauerstoff zu Kohlendioxid und Wasser vollständig abgebaut. Bei steigender Intensität ist der Körper nicht mehr in der Lage, die Muskulatur optimal mit Sauerstoff zu versorgen; es kommt zu einem relativen Sauerstoffmangel in der Muskulatur, und die benötigte Energie muss zunehmend durch die anaerobe Glykolyse bereitgestellt werden. Hierbei entsteht das saure Stoffwechselprodukt Milchsäure, das Laktat. Eine geringe Menge an Laktat fällt lokal immer an, wird ständig wieder aus dem Blut eliminiert und verstoffwechselt.

Die im Blut gemessene Laktatkonzentration resultiert also aus dem Vergleich zwischen Laktatbildung und -abbau und hat sich als aussagekräftiger Parameter der individuellen Belastungsintensität erwiesen: Bci steigender Intensität nehmen Laktatbildung und Laktatabbau zunächst kontinuierlich zu. Je besser eine Sportlerin trainiert ist, umso besser funktionieren die Sauerstoffversorgung der Muskulatur und der Abbau von Milchsäure bei niedrigen und mittleren Belastungsintensitäten; es wird also eine geringere Laktatkonzentration gemessen. Intensive Belastungen dagegen erfordern eine hohe

Der Bereich, in dem die Menge der abgebauten Milchsäure genau deren Produktionsmenge entspricht, nennt man aerob-anaerobe Schwelle oder Laktat steady state.

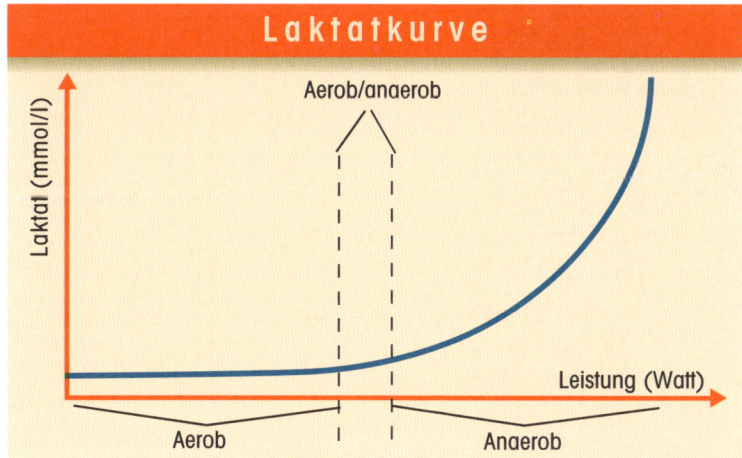

Laktatkurve

Laktat (mmol/l)

Aerob/anaerob

Leistung (Watt)

Aerob   Anaerob

Die Laktatkurve zeigt bei steigender Belastung einen exponenziellen Anstieg. Eine sehr hohe Laktatkonzentration im Blut führt letztendlich zum Leistungsabbruch.

»Laktattoleranz«; die Sportlerin »lernt« durch das Training, mit der Milchsäure im Blut umzugehen.

So funktioniert ein Stufentest

Bei den gängigen leistungsdiagnostischen Tests handelt es sich um Stufentests, die in verschiedenen Ausdauersportarten, wie Laufen, Radfahren, Schwimmen, aber auch Inlineskaten oder Walken, durchgeführt werden können. Bei allen Stufentests wird mit einem individuell niedrigen Tempo begonnen und auf den folgenden Stufen die Geschwindigkeit oder Wattleistung in konstanten Intervallen um einen festgelegten Wert gesteigert. Die Belastungsdauer auf den einzelnen Stufen und die Geschwindigkeitssteigerung können bei den Tests variieren.

Die Belastungsdauer hängt natürlich auch ganz entscheidend vom Leistungsstand, dem Ziel und der Hauptsportart der Aktiven ab. Bei einem üblichen Stufentest auf der Laufbahn, dem so genannten Feldstufentest, werden jeweils 1200 oder 2000 Meter, das entspricht drei bzw. fünf Runden, pro Stufe gelaufen. Während des gesamten Tests wird die Herzfrequenz mittels Pulsmesser aufgezeichnet. Am Ende jeder Belastungsstufe wird die Laktatkonzentration im Blut gemessen, wofür jeweils ein Tropfen Blut aus dem Ohrläppchen entnommen wird. Die Blutabnahme dauert lediglich ein paar Sekunden, danach wird die Geschwindigkeit um einen vorher definierten Wert gesteigert. Der Test ist beendet, wenn man dem vorgegebenen Tempo nicht mehr folgen kann, Puls oder Blutdruck bestimmte Werte überschreiten oder sich subjektiv das Gefühl der Ausbelastung einstellt.

Um eine optimale Aussagekraft des Tests zu erreichen, sollten folgende Punke beachtet werden:

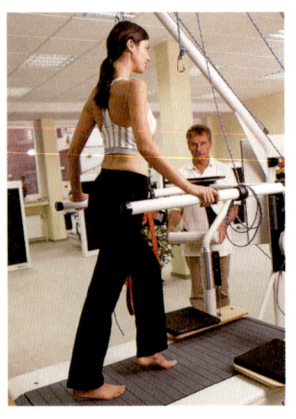

Der Leistungsstand sollte immer unter ärztlicher Aufsicht geprüft werden.

● Lassen Sie sich nur in gesundem Zustand testen. Unter Umständen sollten Sie vorher einen sportmedizinischen Check durchführen lassen.

- Die Kohlenhydratspeicher müssen gut gefüllt sein: Ernähren Sie sich in den letzten drei Tagen vor dem Test kohlenhydratreich, und verzichten Sie 48 Stunden vor dem Test sowohl auf eine lange Ausdauerbelastung als auch auf ein intensives Training, denn diese Einheiten entleeren die Kohlenhydratspeicher!
- Auf einen übermäßigen Kaffee- oder Teegenuss in den letzten Stunden vor dem Test sollte verzichtet werden, denn Tee und Kaffee erhöhen die Herzfrequenz.
- Die Bekleidung, die Sie bei der Untersuchung tragen, sollte der Umgebungstemperatur angepasst sein.

Um die Glykogenspeicher zu füllen, können Sie z. B. Kartoffeln, Nudeln oder Reis essen.

Die entnommenen Blutproben werden im Labor analysiert und die so gemessenen Laktatwerte softwareunterstützt mit der Herzfrequenz und der Belastungsintensität in Beziehung gesetzt. Moderne Softwareprogramme können die Laktatleistungskurve, inklusive individueller anaerober Schwelle, berechnen und darstellen, die individuellen Trainingsbereiche angeben und sogar eine Verlaufskontrolle ermöglichen. Je später der Laktatwert ansteigt, umso besser ist die Ausdauerleistungsfähigkeit ausgeprägt, wobei ein individueller Trainingsfortschritt im Grundlagenausdauerbereich sehr gut durch die so genannte Rechtsverschiebung der Laktatkurve grafisch dargestellt werden kann.

Legende zur Tabelle:
LAC – Laktatwert
HF – Herzfrequenz
v – Geschwindigkeit
MZ – Marathonzeit
TMZ – Tausendmeterzeit

Trainingsbereich »Lauf für eine Marathondebütantin«

	Regeneration		Basis Ausdauer		Übergangsbereich		Schwellentraining	
Trainingsbereich (%)	50	70	70	80	80	90	90	100
LAC (mmol/l)	1,7	1,8	1,8	1,9	1,9	2,4	2,4	4,0
HF (1/min)	unter 131	131	131	151	151	163	163	174
v (km/h)	1,8	2,5	2,5	2,9	2,9	3,3	3,3	3,6
MZ (h:m:s)	6:27:30	4:36:47	4:36:47	4:02:12	4:02:12	3:35:17	3:35:17	3:13:45
TMZ (h:m:s)	0:09:11	0:06:34	0:06:34	0:05:44	0:05:44	0:05:06	0:05:06	0:04:36

Mit steigender Belastung steigt auch der Laktatwert. Der Anstieg verläuft zunächst langsam, annähernd auf horizontalem Niveau. Der Bereich, in dem Laktatbildung und Laktatabbau gerade noch im Gleichgewicht stehen, wird als aerob-anaerobe Schwelle bezeichnet, danach steigen die Laktatwerte steiler an. Die aerob-anaerobe Schwelle wurde durch Erfahrungswerte auf den Wert vier Millimol pro Liter festgelegt. Es hat sich aber gezeigt, dass dieser starre Schwellenwert oft von den tatsächlichen physiologischen Verhältnissen bei der einzelnen Athletin abweicht. Insbesondere bei sehr gut ausdauertrainierten Sportlerinnen liegt der Wert meist niedriger. Hier kann es sinnvoll sein, für die Trainingssteuerung die so genannte individuelle anaerobe Schwelle (IANS) heranzuziehen, die z.B. auf Grundlage der Steigungswinkel der Laktatkurve errechnet werden kann.

Die so ermittelte aerob-anaerobe Schwelle, die je nach Leistungsstand der Untersuchten unterschiedlich ausfällt, dient als Grundlage für die Erstellung eines individuellen Trainingsprogramms für die Sportlerin. Unter Berücksichtigung der persönlichen sportlichen Voraussetzungen und Ziele werden Empfehlungen gegeben, wie das Training bezüglich Umfang und Intensität gestaltet werden kann. Bei der Vorgabe spielen Geschwindigkeit und Herzfrequenz die entscheidende Rolle, so dass mittels Stopp- und Pulsuhr eine problemlose Selbstkontrolle während des Trainings möglich ist.

Zusammenfassung

Die Laktat-Leistungsdiagnostik:

● Ermöglicht die Festlegung individueller Herzfrequenzzonen für die verschiedenen Trainingsbereiche

● Kann in verschiedenen Sportarten verlässlich und reproduzierbar durchgeführt werden

● Macht bei wiederholter Durchführung Trainingsfortschritte oder auch -rückschritte sichtbar und bietet damit die Möglichkeit, rechtzeitig Fehlentwicklungen entgegenzusteuern

● Ermöglicht Zeitvorhersagen und damit die Festlegung von Richttempi (Zwischenzeiten) für den Wettkampf

● Verhindert bei unzureichender Selbsteinschätzungsfähigkeit und Übermotivation ein zu intensives Training

● Sollte bei Einsteigerinnen im Idealfall dreimal jährlich durchgeführt werden, da die Leistungsverbesserung zu Beginn relativ höher ist als bei bereits austrainierten Athletinnen

● Empfiehlt sich bei allen anderen halbjährlich oder zu Beginn eines Neuaufbaus, wie beispielsweise nach langer Verletzungspause oder dem Wiedereinstieg in die neue Saison.

Der Conconi-Test

In Ausdauersportlerkreisen hat der Conconi-Test, ein Selbsttest, den Sie ohne die Hilfe eines Arztes durchführen können, einen recht hohen Bekanntheitsgrad erlangt. »Klassisch« wird der Test auf einer 400-Meter-Stadionbahn durchgeführt, wobei die Sportlerin oder der Sportler das Lauftempo alle 200 Meter exakt um einen definierten Wert steigern muss. Die Herzfrequenz wird mittels Pulsuhr kontinuierlich während des Tests aufgezeichnet. Am Ende des Tests werden Herzfrequenz und Geschwindigkeit in ein Koordinatensystem eingetragen und nach folgendem theoretischen Ansatz ausgewertet: Conconi geht davon aus, dass im Bereich der aeroben Energiebereitstellung eine lineare Beziehung zwischen Herzfrequenz und Leistung besteht. Bei höheren Geschwindigkeiten wird die zusätzlich benötigte Energie zunehmend über anaerobe Stoffwechselwege gewonnen. Hierbei steigt die Herzfrequenz geringer an, es kommt zu einem »Knickpunkt« in der Kurve, dem so genannten velocity deflection point. An diesem Punkt soll die anaerobe Schwelle liegen. Jenseits der Schwelle kommt es mehr und mehr zum Anstieg des Milchsäurespiegels, was schließlich zur Übersäuerung des Körpers und zum Leistungsein- oder -abbruch führt.

Der Conconi-Test wird auf der Laufbahn im Stadion durchgeführt. Das Lauftempo wird alle 200 Meter um einen definierten Wert gesteigert.

Was in der Theorie einleuchtend klingt, bereitet in der Praxis oft Probleme: Die exakte Steigerung der Geschwindigkeit alle 200 Meter erfordert sehr gutes Tempogefühl und ist für Einsteiger nur schwer umzusetzen, bei wechselnden Windverhältnissen sind oft auch erfahrene Athleten überfordert. Dem Problem kann man aus dem Weg gehen, indem man den Test auf einem geeichten Laufband durchführt. Schwierigkeiten treten auch bei der grafischen Auswertung auf: Oft besitzt die Herzfrequenz-»Gerade« mehrere Knickpunkte, was die Frage aufwirft, welcher der richtige, also der »velocity deflection point«, ist. Andererseits kann die Herzfrequenz-Gerade auch gar keinen Knickpunkt aufweisen, d.h., die Testperson weist einen linearen Anstieg der Herzfrequenz bis zur Erschöpfung auf.

Aufgrund dieser Unabwägbarkeiten kann der Conconi-Test nur eingeschränkt als Grundlage für das Erstellen eines individuellen Trainingsprogramms dienen. Die genauesten Werte liefert in jedem Fall die Laktat-Leistungsdiagnostik.

Achtung: Sollte Ihre Pulsuhr eine Funktion haben, die den Maximalwert anzeigt, seien Sie kritisch. Oft zeigen Pulsuhren nämlich zu Beginn einer Trainingseinheit, bei Interferenzen durch andere Pulsmesser oder auch bei elektrischen Störquellen fälschlich sehr hohe Werte, bis über 200, an! Versuchen Sie lieber, den Wert während der Belastung abzulesen.

Eine Formel für Ihre Trainingsherzfrequenz

Haben Sie im Moment nicht die Möglichkeit, eine Laktat-Leistungsdiagnostik durchführen zu lassen, können Sie akzeptable Herzfrequenzwerte für Ihr lockeres Ausdauertraining anhand der folgenden Formel berechnen:

Trainingsherzfrequenz = Ruheherzfrequenz + (maximale Herzfrequenz – Ruheherzfrequenz) x 0,6.

Die Ruheherzfrequenz wird ermittelt, indem über mehrere Tage am Morgen vor dem Aufstehen für je eine Minute der Herzschlag, beispielsweise am Handgelenk oder der Halsschlagader, getastet und gezählt oder, komfortabler, mit Hilfe eines Pulsmessers bestimmt wird. Die Werte werden über mehrere Tage notiert und dann der Mittelwert ermittelt.

Ihre maximale Herzfrequenz können Sie folgendermaßen feststellen: Wärmen Sie sich in Ihrer Sportart fünf bis zehn Minuten locker auf, bei Laufeinsteigerinnen kann dies durchaus auch flottes Gehen sein. Starten Sie bei einem Tempo, bei dem Sie sich auf jeden Fall unterhalten können. Nun steigern Sie jede Minute Ihr Tempo so, dass Ihre Herzfrequenz jedes Mal um ungefähr zehn Schläge ansteigt. Wenn Sie eine solche Steigerung nicht mehr realisieren können oder die Beine und Arme schwer werden, versuchen Sie noch, einen Endspurt von 20 Sekunden hinzulegen. Ihr Maximalwert ist der bei diesem Test höchste Pulswert.

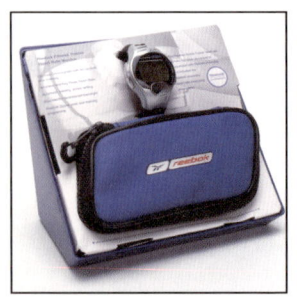

Unverzichtbar beim Ausdauersport – die Pulsuhr.

Der Cooper-Test

Um einschätzen zu können, wie es um Ihre Ausdauerleistungsfähigkeit bestellt ist, können Sie sich mit dem so genannten Cooper-Test selbst auf den Prüfstand stellen. Voraussetzung ist, dass Sie »lauffähig« sind, da dies ein Lauftest ist. Natürlich kann dieser Test auch Sportlerinnen anderer Sportarten als Anhaltspunkt dienen. Wegen der exakten Streckenlänge ist der Test am leichtesten in einem Stadion durchzuführen. Sie können prinzipiell aber jede flache Strecke zu Ihrer »Testpiste« machen. Nach einer Aufwärmphase von fünf bis zehn Minuten haben Sie exakt zwölf Minuten Zeit, die größtmögliche Strecke zurückzulegen. Laufen Sie zu Beginn aber auf keinen Fall zu schnell los, sondern versuchen Sie, die Strecke in gleichmäßigem Tempo zu bewältigen und lieber die zweite Hälfte etwas schneller zu werden. Notieren Sie die erreichte Streckenlänge, und entnehmen Sie Ihren Fitnessgrad der unten stehenden Tabelle:

Achtung: Dies ist kein Test zur Bestimmung von Trainingsherzfrequenzen, sondern er dient der Einordnung Ihrer momentanen Leistungsfähigkeit. Der Test sollte in regelmäßigen Abständen wiederholt und die Leistungsentwicklung beobachtet werden. Sie werden sehen, dass dies einen beachtlichen Motivationsfaktor darstellt.

Die maximal zurückgelegte Strecke in zwölf Minuten kann natürlich auch in den anderen Ausdauersportarten ermittelt und notiert werden. Durch eine regelmäßige Wiederholung des Tests ist auch hier der Trainingsfortschritt zu beobachten.

Cooper-Test

Fitnesskategorie		In 12 Minuten zurückgelegte Strecke (in Kilometern) bei Alter (in Jahren)					
		13–19	20–29	30–39	40–49	50–59	60 +
I	sehr schwach	< 1,6	< 1,45	< 1,50	< 1,41	< 1,34	< 1,25
II	schwach	1,60–1,89	1,46–1,78	1,5–1,68	1,41–1,57	1,34–1,49	1,25–1,38
III	mittel	1,90–2,06	1,79–1,95	1,69–1,89	1,58–1,78	1,50–1,68	1,39–1,57
IV	gut	2,07–2,29	1,96–2,14	1,89–2,06	1,79–1,98	1,69–1,89	1,58–1,74
V	ausgezeichnet	2,30–2,42	2,15–2,32	2,07–2,22	1,99–2,15	1,90–2,08	1,75–1,89
VI	überragend	> 2,43	> 2,33	> 2,23	> 2,16	> 2,08	> 1,90

Grundlagen
eines effektiven
Trainings

Der Trainingsaufbau

Bevor Sie nun endlich mit dem Training beginnen können – aufgrund der sportmedizinischen Untersuchung wissen Sie ja jetzt, wie stark Sie sich belasten können –, sollten Sie sich mit den theoretischen Grundlagen eines effektiven Trainings vertraut machen. Sie können Ihre Leistung nur steigern, wenn Sie sich an bestimmte Regeln halten und Ihren Körper langsam an die Belastung gewöhnen. Auch wenn man keinen Hochleistungssport betreiben möchte, eine gewisse Systematik im Training fördert nicht nur die Gesundheit, sondern macht das Training auch deutlich effektiver. Vereinfacht kann man sich den Trainingsaufbau im Ausdauersport wie eine Pyramide vorstellen:

Eine solide Basis im Bereich der Grundlagenausdauer ist eine wesentliche Voraussetzung für die Verträglichkeit intensiver Trainingsbelastungen und das Fundament Ihrer Fitness!

Schnelligkeit/Sprints

Wettkampfspezifisches Training

Intensiver Grundlagenbereich

Extensives Grundlagentraining/Regeneration

Extensives Grundlagentraining

Eine solide Grundlage wird durch ein extensives, also betont lockeres, Ausdauertraining gelegt. Dieses sollte je nach Zeitpunkt im Jahr und je nach Ziel 70 bis 90 Prozent des Gesamtumfangs ausmachen. Das Grundlagenausdauertraining sollte vielseitig gestaltet werden, also als Kombination geeigneter Ausdauersportarten, wobei das

Hauptgewicht auf der Haupt- oder Lieblingssportart liegen sollte. Natürlich muss die Art des Trainings der Jahreszeit angepasst sein.

Ziele des Grundlagenausdauertrainings sind:

- Verbesserung der aeroben Kapazität. Dies ist die Fähigkeit, bei körperlichen Anstrengungen Energie durch die Verbrennung von Fetten und Kohlenhydraten unter Ausnutzung der Sauerstoffbereitstellung zu gewinnen. Es fallen hierbei keine den Energiestoffwechsel behindernden Stoffe wie Milchsäure an. Sie könnten die Belastung, was die Energiebereitstellung betrifft, Stunden, ja Tage durchhalten.
- Ökonomisierung der sportartspezifischen Technik
- Muskuläre Anpassung
- Verbesserung der Herz-Kreislauf-Regulation.

Soll das Training primär der Stärkung des Herz-Kreislauf-Systems, der Reduzierung der Blutfettwerte, dem Stresshormonabbau oder der Aktivierung des Immunsystems dienen, erreicht man mit einem dreimal wöchentlich durchgeführten Ausdauertraining von ungefähr 45 Minuten in diesem extensiven Grundlagenbereich die gewünschten Effekte. Ergänzend sollte ein allgemeines Dehn- und Kräftigungsprogramm (siehe Kapitel »Dehnen und Kräftigen«, Seite 80ff.) durchgeführt werden. Verschiedene Studien bescheinigen dieser Art von Training den größten gesundheitlichen Nutzen.

Intensiver Grundlagenbereich

Im intensiven Grundlagenbereich, auch Entwicklungsbereich genannt, sollten grundsätzlich nicht zu viele Trainingskilometer absolviert werden. Dieser Bereich stellt das Bindeglied zwischen den lockeren und intensiven Einheiten dar und wird daher schwerpunktmäßig im Aufbautraining der Wettkampfsportlerin eingesetzt oder als erste intensivere Einheit im Training der Einsteigerin. Trai-

Laktatmessungen bei gesundheitsorientierten Joggern und Joggerinnen im Kölner Stadtwald ergaben, dass sich 80 Prozent im intensiven Grundlagenbereich oder sogar darüber befanden, also ein viel zu intensives Training durchführten.

nieren Sie in diesem Bereich auf keinen Fall zu oft, da sonst der langfristige Trainingserfolg ausbleibt. Kurzfristig kann es zwar zu einer schnellen Leistungsentwicklung kommen, diese ist aber äußerst instabil, so dass die Gefahr eines Leistungseinbruchs, einer Verletzung oder Krankheit groß ist. Der Organismus besitzt nämlich aufgrund mangelnder Anpassung nicht die Fähigkeit, solche Belastungen optimal zu verarbeiten.

Das Schwellentraining

Auf der nächsten Intensitätsstufe sind wir schon im Bereich der individuellen anaeroben Schwelle (IANS) angelangt. Eine Belastung deutlich über dieser Schwelle führt nach wenigen Minuten zu einem Leistungsein- oder -abbruch. Studien belegen, dass ein solches »Schwellentraining« einen deutlichen Leistungsschub bewirken kann. Voraussetzung ist eine solide Grundlagenausdauer und eine gute Vor- und Nachbereitung des Trainings. Unter dem Stichwort »Superkompensation« erfahren Sie mehr zu diesem Thema.

Je besser eine Sportlerin trainiert ist, umso besser funktionieren die Sauerstoffversorgung der Muskulatur und der Abbau von Milchsäure; umso höher ist also auch ihre individuelle anaerobe Schwelle (IANS).

Wettkampfspezifisches Training

Wettkampfspezifisches Training wird in erster Linie natürlich für die Wettkampfsportlerin infrage kommen, sollte aber auch hier erst zum Einsatz kommen, wenn die Grundlagenausdauer gut entwickelt ist und die Wettkämpfe in absehbare Nähe gerückt sind. Der Erfolg dieser Art Training lebt wie das Schwellentraining ebenfalls von der Vor- und Nachbereitung.

Schnelligkeit und Sprints

Schnelligkeit und Sprints sind der intensivste Trainingsbereich. Belastungen spielen sich hier im Sekundenbereich ab. Diese Trainingseinheiten verbessern Explosivität, Schnellkraft und die Technik.

Superkompensation

Das Prinzip der Super-kompensation: Auf einen Reiz folgt nach einer Erholungsphase eine überschießende Leis-tungsbereitstellung. Set-zen wir dann erneut einen Reiz, kommt es zur Leistungsverbesserung, Reize in der Erholungs-phase verschlechtern die Leistungsfähigkeit.

Das grundlegende Prinzip eines effektiven Trainings haben wir uns den Tieren abgeschaut. Stellen wir uns eine Raubkatze vor, die dösend in der Sonne liegt. Plötzlich gerät ihr Körper unter große Anspannung, sie jagt los und erlegt nach kurzer Hatz ihre Beute. Sofort wird diese verspeist, und danach liegt das Raubtier wieder lange Zeit in der Sonne, tankt also Energie, um bei der nächsten Jagd wieder erfolgreich zu sein und im Idealfall die Beute sogar noch schneller zu erlegen. Da wir unsere Nahrung im Allgemeinen nicht mehr jagen müssen und wenige natürliche Feinde haben, vor denen wir fliehen müssen, haben die meisten von uns diesen natürlichen Rhythmus von extremer körperlicher Be- und Entlastung verloren.

Stellen Sie sich eine Belastung, z. B. Ihren ersten Dauerlauf, vor, der Ihrem Körper Energie entzieht, die Muskulatur, Gelenke, Seh-nen, Bänder und nicht zuletzt auch den »Kopf« beansprucht. Unmittelbar nach diesem Lauf ist Ihr Körper ermüdet und weniger leistungsfähig als vor dieser Belastung. Der Organismus ist jedoch bestrebt, den Ausgangszustand schnellstmöglich wiederherzustellen, die Belastung also zu kompensieren. Hierzu werden verschiedene Mechanismen in Gang gesetzt, vom Auffüllen der Energie-speicher über Reparaturvorgänge am Be-wegungsapparat bis zum Aufbau einer erneuten Leistungsbereitschaft im Kopf. Um das nächste Mal einer ähnlichen Belas-tung besser gerecht werden zu können, unternimmt der Körper alle Anstrengun-gen, um hierfür besser vorbereitet zu sein. Diesen Vorgang nennt man Superkompen-sation. Erst in diesem superkompensierten

Zustand kann wieder effektiv ein neuer Reiz gesetzt werden, in unserem Beispiel der nächste Dauerlauf. So kommt es schließlich zu einer messbaren Steigerung der eigenen Leistungsfähigkeit. Andererseits bewirken zu schnell aufeinander folgende oder zu intensive Trainingseinheiten, die der Körper nicht verarbeiten kann, genau das Gegenteil: Die Leistungsfähigkeit stagniert oder wird sogar geringer!

Periodisierung

Die geplante Abfolge von Be- und Entlastungszyklen im Training nennt man Periodisierung. Egal ob Einsteigerin oder Wettkampf-sportlerin, eine solche Periodisierung macht für alle Sinn! Steigern Sie beispielsweise über drei Wochen von Woche zu Woche Ihr Trai-ningspensum oder dessen Intensität, und schieben Sie danach eine Woche mit deutlich weniger Sport ein. Steigern Sie aber nie Umfang und Intensität gleichzeitig, dies überfordert den Körper auf Dauer! Wenn Sie sehr oft (z. B. täglich) Sport treiben, sollte alle zwei bis drei Tage ein Pausentag oder ein Tag, an dem Sie »aktive Erholung« betreiben, eingeschoben werden.

Meiden Sie in Ihrem Aus-dauertraining das »Hauruck-prinzip«, treiben Sie lieber mäßig, aber regelmäßig Sport, und versuchen Sie, gezielt Reize zu setzen.

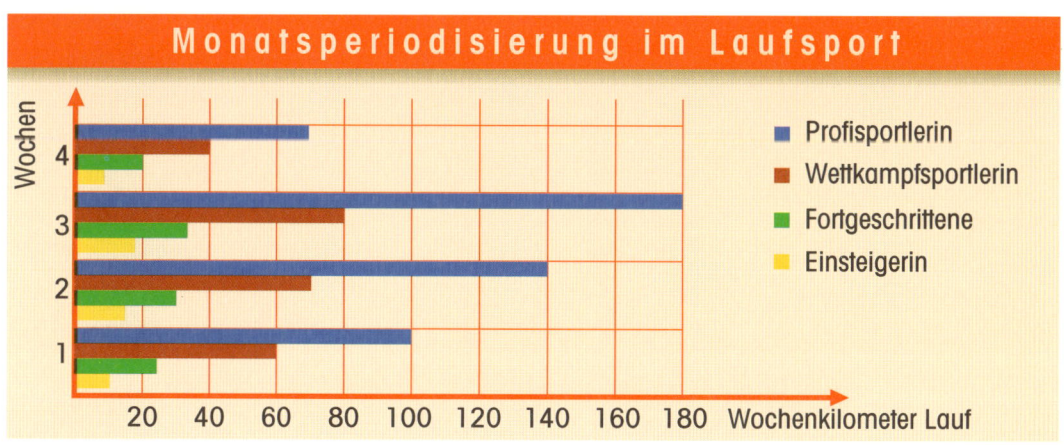

Monatsperiodisierung im Laufsport

Wochen

■ Profisportlerin
■ Wettkampfsportlerin
■ Fortgeschrittene
■ Einsteigerin

20 40 60 80 100 120 140 160 180 Wochenkilometer Lauf

45

Regeneration

Als Regeneration bezeichnet man Erholungsphasen. Diese sind ebenso wichtig wie das Training selbst. Die Regeneration dient der Erholung des Körpers nach einer Anstrengung. Dieser Erholungsprozess zwischen den einzelnen Trainingseinheiten sollte je nach Belastungsintensität eine bestimmte Zeit dauern, um einem Übertraining entgegenzuwirken. Regeneration bedeutet nicht, nur auf der faulen Haut zu liegen, man kann selbst unterstützend mitwirken, »aktive Erholung« betreiben. Die Geschwindigkeit der Regeneration, also die Zeitspanne, bis Sie wieder sinnvoll eine neue Belastung setzen können, hängt neben der vorangegangen Belastung auch von genetischen und äußeren Faktoren ab.

Was läuft in Ihrem Körper nach einer Belastung ab?

Zunächst werden in den ersten 10 Stunden verstärkt verbrauchte Substanzen ersetzt, d. h. die Kohlenhydratspeicher werden wieder gefüllt, verschiedene Enzyme und Proteine neu hergestellt. In dieser Phase ist vor allem eine kohlenhydrat- und eiweißreiche Ernährung wichtig. Stellen Sie für eine optimale Verwertung der angebotenen Kohlenhydrate unbedingt ausreichend Wasser und Kalium zur Verfügung (vgl. Kapitel »Die richtige Ernährung«, Seite 108ff.). Die Kohlenhydratspeicher sind nach 2-3 Tagen wieder komplett gefüllt.

Die komplette Regeneration der eiweißhaltigen Strukturen kann bis zu 2 Wochen dauern. Hierzu gehören nicht nur die Eiweiße in den körpereigenen Kraftwerken, den Mitochondrien, sondern vor allem auch alle Strukturen des Bewegungsapparates – Sehnen, Bänder und Gelenke. Eine zu frühzeitige Belastung dieser Strukturen im noch nicht wieder komplett regenerierten Zustand kann zu Verletzungen führen. Diese können akut auftreten, wie beispielsweise Muskelfaserrisse, oder auch schleichend, wie Sehnenansatzentzündungen. Einige dieser typischen Verletzungen werden im Kapitel »Exkurs in die Sportmedizin« (Seite 134 ff.) behandelt.

In der Regenerationsphase müssen Sie aber keineswegs nur faulenzen, die Erholung kann durch den Trainingsaufbau selbst (eine sinnvolle Abfolge von be- und entlastenden Trainingstagen und Wochen) und durch die aktive Erholung unterstützt werden. Entspannen Sie Körper und Seele bei einem Bade- oder Wellnessabend zuhause, einem Spaziergang am Abend – anstatt nur vor dem Fernseher zu sitzen –, oder gönnen Sie sich einen Saunabesuch, ein Bad im Whirlpool, ein Dampfbad oder Aromabad.

Wollen Sie nach einer hohen Belastung unbedingt ein weiteres Ausdauertraining absolvieren, dann bewegen Sie sich unbedingt im untersten Intensitätsbereich und in einer anderen Sportart, als der, in der die hohe Belastung erfolgte!

Lernen und probieren Sie Entspannungstechniken, wie autogenes Training, Yoga, Progressive Muskelentspannung oder spezielle Atemtechniken. Nicht jeder Mensch kommt mit jeder Methode gleich gut zurecht, deshalb kostet es etwas Zeit und Mühe, herauszufinden, wie Sie sich optimal entspannen können. Haben Sie Ihre Technik jedoch gefunden und perfektioniert, wird sie Ihnen nicht nur bei der sportlichen Regeneration helfen, sondern auch im Alltag zur Seite stehen und zu neuen, entspannteren Sichtweisen führen.

Die intensivste Form der Regeneration für den gesamten Organismus ist der Schlaf! Achten Sie deshalb unbedingt darauf, dass Sie Ihre individuelle Menge an Schlaf bekommen – individuell deshalb, weil nicht alle Menschen gleich viel Schlaf benötigen. Bei Versuchen konnte gezeigt werden, dass Frauen durchschnittlich mehr Schlaf benötigen als Männer und dass bei zunehmender Trainingsdauer und -Intensität der Schlafbedarf ebenfalls steigt.

Tipp: Auch wenn Sie sehr ausdauerbegeistert sind: Nehmen Sie sich im Jahr gewisse Zeiten, in denen Sie es wie Churchill halten: »no sports«. Schalten Sie einfach mal ab, erweitern Sie Ihren kulturellen Horizont, besuchen Sie die Freundin, die Sie schon lange mal wieder besuchen wollten und essen Sie den Frankfurter Kranz, den Sie sich das ganze Jahr über schon verkniffen haben.

Je länger und intensiver die Belastung war, desto länger dauert auch die anschließende Regenerationsphase!

Das Training
zielorientiert
gestalten

Das Training variieren

Im letzten Kapitel haben Sie erfahren, wie Sie Ihre Leistung durch ein regelmäßiges und strukturiertes Training steigern können. Nicht immer aber ist kontinuierliche Leistungssteigerung das Ziel von Sportlerinnen, oft stehen auch ganz andere Ziele hinter dem Wunsch, Sport zu treiben (siehe Kapitel »Ziele definieren«, Seite 7). Entsprechend der unterschiedlichen Ziele muss auch das Training variiert werden. Aber auch besondere Umstände, z. B. eine Schwangerschaft, können eine Veränderung des Trainings erfordern, in diesem Falle eine allmähliche Veränderung der Belastung. Unter Umständen kann es auch sinnvoll sein, das Training je nach Jahreszeit zu variieren. Gerade im Hochsommer sollten Sie auf zu hohe Belastungen verzichten, um Hitzeschäden zu vermeiden.

Gewichtsreduktion

Das Prinzip der Gewichtsreduktion ist simpel: Ihr Energieverbrauch muss höher als Ihre Energieaufnahme sein. Die Umsetzung ist offensichtlich weniger einfach, denn die Zahl der übergewichtigen Kinder und Erwachsenen nimmt stetig zu, damit auch die daraus resultierenden Erkrankungen. In annähernd jeder Frauenzeitschrift finden sich regelmäßig Diäten, mit denen man »kinderleicht ohne Verzicht und Anstrengung« zur Traumfigur gelangt. Solche Versprechungen sind unseriös, denn sie implizieren, dass die- oder auch derjenige wenig Eigeninitiative zeigen muss, um das eigene Gewicht zu reduzieren. Das ist sicher nicht der Fall! Machen Sie sich klar, dass Sie allein verantwortlich für Ihren Körper und Ihre Figur sind und dass Sie es schaffen können, die Pfunde zum Schmelzen zu bringen. Fangen Sie noch heute an! Um möglichst effektiv abzunehmen, sollten Sie folgende Punkte beachten:

- Essen Sie kontrolliert.
- Essen Sie mäßig, abwechslungsreich und regelmäßig.

Auch Sie können Ihre Pfunde zum Schmelzen bringen, allerdings geht das nicht – wie einige Zeitschriften suggerieren – ohne Disziplin und Anstrengung. Dafür dürfen Sie stolz auf sich sein, wenn Sie diese Aufgabe Stück für Stück meistern.

- Essen Sie fettarm, verzichten Sie aber nicht auf die guten mehrfach ungesättigten Fettsäuren, wie sie beispielsweise in Olivenöl und fettem Seefisch vorkommen.
- Essen Sie mehr Obst und Gemüse, und meiden Sie möglichst die »gefährlichen« versteckten Kalorien, wie sie beispielsweise in Schokolade und anderen Süßigkeiten, Chips und vielen Saucen vorkommen.
- Trinken Sie viel Mineralwasser.
- Erhöhen Sie Ihren Energieverbrauch!

Ein Mittel, um Ihren Energieverbrauch zu erhöhen, ist der Ausdauersport. Es wäre aber fatal zu denken, man nähme mit dreimal 45 Minuten wöchentlichen Lauftrainings automatisch ab. Blieben Ihre (Essens-)Gewohnheiten exakt dieselben, würde das funktionieren, viele Sporttreibende belohnen sich aber nach dem Training mit einem Extrariegel Schokolade oder einem »klitzekleinen« Stückchen Sahnetorte, so dass die Energiebilanz letztendlich wieder ausgeglichen ist.

Nicht nur eine gesunde Ernährung und ein effektives Training können zu einer Gewichtsreduktion führen, sondern auch Verhaltensänderungen im Alltag. Bedenken Sie, dass Ihre allgemeine Alltagsaktivität ebenfalls Energie verbraucht. So zeigt eine Studie, in der Lebens- und Essgewohnheiten von dicken und dünnen Personen analysiert wurden, dass einer der Hauptunterschiede zwischen »Dick« und »Dünn« in der unterschiedlichen Alltagsaktivität lag. Während die übergewichtigen Personen bevorzugt die Rolltreppe und den Aufzug benutzten und auch kurze Strecken mit dem Auto fuhren, die Abende vornehmlich mit einer Tafel Schokolade oder der Chipstüte vor dem Fernseher verbrachten, nahmen die Normalgewichtigen bevorzugt und bewusst die Treppe, erledigten Besorgungen per pedes oder dem Rad und waren auch am Abend noch aktiv, sei es in Form eines Spaziergangs oder eines kulturellen Ausflugs.

Meiden Sie »Light«-Produkte. Studien haben gezeigt, dass diese oft mit Süßstoffen versetzten Lebensmittel eher zu einer Gewichtszunahme als zu einer Gewichtsreduktion führen.

Das effektivste Training zum Abnehmen

Ein Irrtum, der lange verbreitet war und immer noch ist: Am meisten Fett wird bei sehr niedriger Trainingsintensität verbrannt. Fakt ist aber, dass bei niedriger Intensität zwar prozentual mehr Fett verbrannt wird als bei einem intensiven Training, beim intensiven Training werden aber viel mehr Kilokalorien verbrannt, so dass der absolute Fettverbrauch hier insgesamt deutlich höher liegen kann, natürlich in Abhängigkeit von der Belastungsdauer. Nach einer intensiven Trainingseinheit benötigt der Körper außerdem für mehrere Stunden vermehrt Energie für die Anpassungs- und Reparaturvorgänge, wie Wiederauffüllen der Energiespeicher und Abbau von Stoffwechselendprodukten. In dieser Phase »brennt der Körper nach«, es ist ein deutlich gesteigerter Energieverbrauch messbar. Daraus darf allerdings nun nicht der voreilige Schluss gezogen werden: »Je intensiver, desto effektiver trainiere ich«, denn:

- Es muss stets erst einmal eine Ausdauergrundlage geschaffen werden (siehe auch Kapitel »Grundlagen eines effektiven Trainings«, Seite 40ff.), um ein intensives Training überhaupt tolerieren zu können und es über eine angemessene Belastungsdauer aufrechtzuerhalten.
- Ein im Grundlagenbereich besser trainierter Organismus kann durch die höhere Sauerstoffversorgung eher auf den Fettstoffwechsel zurückgreifen und eine längere Belastungsdauer mehr Fett verbrennen.
- Wird zu oft im intensiven Bereich trainiert, überfordert man den Körper; es kann zu einem »Übertrainingszustand« kommen, der unter Umständen zu einer kompletten Pause zwingt oder zumindest zu einer deutlichen Reduktion der Trainingsaktivität.

Trainieren Sie also überwiegend im Grundlagenausdauerbereich, und streuen Sie ab und an eine intensive »Verbrennungs- und Stoffwechselaktivierungseinheit« ein.

Mit dem richtigen Training verhält es sich ähnlich wie mit dem Essen: Es sollte abwechslungsreich sein und regelmäßig durchgeführt werden!

Ergänzen Sie Ihr Ausdauertraining durch ein moderates Ganzkörper-Krafttraining. Der Grundumsatz steigt mit Erhöhung des Muskelanteils und damit der fettfreien Körpermasse. Legen Sie auf eine stärker ausgeprägte Muskelbildung wert, dann sollte der Krafttrainingsanteil entsprechend höher liegen. Beachten Sie: Bauch-, Waden-, Oberschenkel- oder Armmuskulatur, so gut sie auch ausgeprägt sein mag, ist kaum sichtbar, wenn mehrere Zentimeter Fettgewebe darüber lagern.

Bevor Sie Ihren Körper mit Gewichten im Fitnessstudio überfordern, können Sie ihn auch erst einmal Ihrem eigenen Körpergewicht aussetzen! Lassen Sie die Kraftgeräte zunächst beiseite, und stellen Sie sich einen Ausdauercircuit zusammen. Beispiel: je 15 Minuten Radergometer, Rudermaschine, Stepper und Laufband. Auch ein geeignetes Workout, bevorzugt mit leichten Kraftkomponenten, hilft, Muskulatur aufzubauen.

Essen Sie nach dem Training betont eiweißreich (siehe auch Kapitel »Die richtige Ernährung«, Seite 108ff.), denn ohne ausreichend Eiweiß ist eine Muskelneubildung erschwert!

Lassen Sie sich den Rhythmus von der Musik vorgeben! Sie werden erstaunt sein, wie sehr Musik beim Fitnesstraining anspornt.

Training auf nüchternen Magen?

Immer wieder hört oder liest man, dass ein Training zur Gewichtsreduktion auf nüchternen Magen erfolgen sollte. Dies ist jedoch kritisch zu hinterfragen.

Zweifelsohne greift der Körper früher auf die Fettreserven zurück, wenn man z. B. morgens vor dem Frühstück läuft. Hat man hingegen schon etwas gegessen, schöpft der Organismus die Energie bevorzugt aus den leicht zugänglichen Kohlenhydraten im Blut, da dies deutlich einfacher geht, als auf die schwieriger aufzuspaltenden Fette zurückzugreifen.

Die Nachteile eines Trainings auf nüchternen Magen sind allerdings eine geringere Leistungsfähigkeit und die Neigung zu Unterzuckerung, was in Kombination mit einem niedrigen Blutdruck zu

Kreislaufproblemen, wie Schwindel und auch »Schwarzwerden« vor
den Augen, führen kann. Ein weiteres Problem könnte sich mit Blick
auf das Immunsystem ergeben. Dieses ist bei Kohlenhydratmangel
und sofort im Anschluss an Belastungen weniger funktionstüchtig.
Die ungünstigen Faktoren würden sich also addieren und anfälliger
für Krankheiten machen.

Ich will an dieser Stelle nicht grundsätzlich vor einem »Nüchtern-
training« abraten, aber mehr als 20 bis 30 Prozent des gesamten Trainingsumfangs sollten auf diese Weise nach Möglichkeit nicht absolviert werden.

*Sie sollten auf ein aus-
schließliches Trainieren mit
leerem Magen verzichten,
da die Nachteile die Vorteile
überwiegen.*

Methoden zur Körperfettbestimmung

Eine fitnessbewusste Mittdreißigerin schilderte mir folgendes Problem: Zwar habe sie ihr Idealgewicht, fühle sich auch muskulär gut
trainiert, jedoch zeige Ihre Fettmesswaage 28 Prozent Körperfettanteil an, was ihr deutlich zu viel sei, weshalb sie jetzt isoliert ihr Körperfett reduzieren wolle. Zunächst ist hier die Messgenauigkeit der
Waage für den Gesamtkörperfettanteil infrage zu stellen. Die Test-
ergebnisse in unten stehender Tabelle sind Ausdruck dafür, dass
bei verschiedenen Methoden zur Körperfettbestimmung auch ganz
unterschiedliche Werte ermittelt werden:

Körperfettbestimmung			
	1. Person	2. Person	Sportlerin
Größe	171	171	168
Gewicht	64 kg	72 kg	55 kg
Traditionelle Messung*	27,7 %	30,5 %	23,5 %
Messung mit Körperfettwaage	37 %	37 %	18 %

** Traditionelle Messung
mit (Kaliper-)Zange an
drei Stellen: Bizeps, Hüftknochen und Rücken*

Trotz dieser Ergebnisse kann man nicht behaupten, dass die elektronischen Fettmessgeräte grundsätzlich unzuverlässig messen. Aufgrund des Messprinzips, das ihnen zugrunde liegt, werden die von ihnen gemessenen Werte allerdings von einigen (Stör-)Faktoren beeinflusst, die teilweise durch richtigen Gebrauch zu vermeiden wären. Die meisten Waagen funktionieren nach dem Prinzip der so genannten Body-Impedanz-Analyse (BIA): Über in die Wiege- und Messplattform integrierte Elektroden wird der Widerstand des Körpers gemessen. Hier tritt schon das erste Problem auf: Der Strom fließt lediglich von Fuß zu Fuß, also überwiegend durch die untere Körperhälfte. Da Frauen ihre Fettdepots meist im Hüft-, Po- und Oberschenkelbereich haben, werden durch diese Messung zu hohe Werte für den Ganzkörperfettgehalt angezeigt.

Bei der Dreipunktmessung wird mit einer Kaliperzange an drei Stellen der Fettanteil gemessen: Bizeps, Hüftknochen und Rücken.

Der durch die Waagen ermittelte Widerstand ist größtenteils abhängig von der aktuellen Körperzusammensetzung. In Messstudien, bei denen Probanden mehrmals täglich mit einer solchen Waage gewogen wurden, zeigten sich bei ein und derselben Person Schwankungen des Fettgehaltes von durchschnittlich drei Prozent, die im Wesentlichen auf den schwankenden Elektrolyt- und Wasserhaushalt zurückzuführen waren.

Um Ihrer Waage möglichst vergleichbare Messwerte zu entlocken, sollten Sie sich am besten gleich nach dem Aufstehen und dem Gang zur Toilette wiegen. Hier sind die Schwankungen, die sportliche Aktivität, hoher oder niedriger Getränkekonsum, Stress etc. auslösen, am geringsten. Aufgrund der trotzdem nicht zu vermeidenden Schwankungen sollten Sie auf jedes Prozent plus oder minus weder panisch noch euphorisch reagieren.

Im Gegensatz zur Körperfettwaage bietet die (traditionelle) Hautfaltenmessung mit einem so genannten Kaliper relativ genaue Ergebnisse. Noch genauer als die im Versuch dargestellte Dreipunktmessung ist die aufwändige Zehnpunktmessung, weshalb diese Methode gerne im klinischen und wissenschaftlichen Bereich zum Einsatz kommt.

Krankheitsprävention

Unsere Zivilisationskrankheiten basieren überwiegend auf falscher Ernährung und zu wenig Bewegung. Inzwischen haben auch die Krankenkassen den gesundheitsfördernden (und Kosten senkenden) Nutzen des Ausdauersports entdeckt.

Um Krankheiten vorzubeugen, treibt man am besten dreimal wöchentlich 45 Minuten Ausdauersport im lockeren Grundlagenausdauerpulsbereich, möglichst in verschiedenen Disziplinen. Diese Art von Training hilft, Ihre Gesundheit zu stabilisieren:

- Sie verbessern hierdurch Ihre Herz-Kreislauf-Regulation: Ihr Ruhepuls sinkt deutlich, Ihr Herz wird insgesamt entlastet, ein bestehender Bluthochdruck kann vermindert werden, ein niedriger Blutdruck kann nach oben korrigiert werden. Auf diese Weise wird ein dichteres Gefäßnetz ausgebildet, was die Sauerstoffversorgung und damit die Funktion Ihres gesamten Organismus begünstigt.
- Sie beugen Zuckerkrankheit und Übergewicht vor.
- Sie senken den LDL-Cholesterinspiegel, der u. a. eine Arterienverkalkung und damit Schlaganfall und Herzinfarkt begünstigt.
- Sie erhöhen den HDL-Cholesterinspiegel, der die Gefäßgesundheit fördert.
- Sie senken die Konzentration von Stresshormonen im Blut.
- Die Hirndurchblutung wird verbessert, die Hirnleistung wird messbar höher, und man bleibt auch im Alter geistig aktiv. In Studien konnte sogar ein erhöhter Intelligenzquotient nach einem regelmäßigen Ausdauertraining gemessen werden.
- Die Selbstwahrnehmung wird deutlich verbessert. Man ist eher bereit, das Rauchen aufzugeben oder gesund zu essen.
- Die Funktion des Immunsystems wird unterstützt.

Viele wissenschftliche Studien konnten zeigen, dass das Risiko, an einer Infektionskrankheit (in der Grafik auf der Seite 56 wurden

Zur Zeit sind noch verschiedene Systeme zur öffentlichen Förderung des Ausdauersports in der Erprobungsphase. Die Ideen reichen von einer Reduzierung der Krankenkassenprämien über ein Bonussystem für die Sport treibenden Kassenmitglieder bis zu kasseneigenen Sportangeboten.

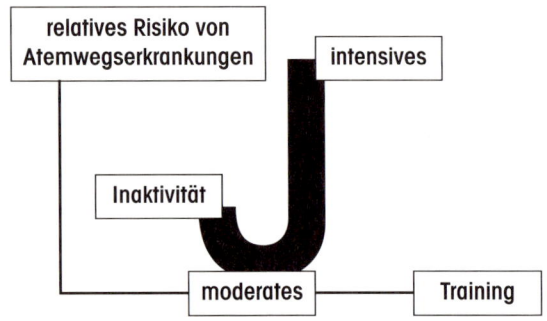

Das J-Modell zur Infektionshäufigkeit bei Ausdauersport: Ein moderates Training von 3 x 45 min mit Grundlagenbereich stabilisiert das Immunsystem!

Atemwegsinfekte erfasst) zu erkranken, bei Inaktivität mäßig ist, bei einem moderaten Ausdauertraining, wie oben beschrieben, deutlich sinkt, allerdings bei sehr hohen Trainingsumfängen wieder sprunghaft ansteigt. Diese unterschiedliche Anfälligkeit für Infektionskrankheiten bei Sportlern kann am so genannten J-Modell veranschaulicht werden.

Training in der Schwangerschaft

Schwangere müssen auf Sport nicht verzichten – im Gegenteil, Sport treibende Frauen haben sogar deutliche Vorteile im Schwangerschaftsverlauf und bei der Entbindung im Vergleich zu körperlich weniger aktiven. Allerdings ist zu beachten, dass die Schwangerschaft für den gesamten Körper eine erhebliche Belastung darstellt, insbesondere im letzten Schwangerschaftsdrittel. Hier können sportliche Höchstbelastungen zu Schäden an Mutter und Kind führen, sollten also vermieden werden, wobei sich meiner Erfahrung nach fast alle vorher sehr aktiven Frauen in den letzten Schwangerschaftsmonaten intuitiv ruhiger verhalten. Doch nicht nur, wenn der Bauch schon sichtbar ist, sondern gerade in der Frühschwangerschaft finden die größten Veränderungen im Körper der Mutter statt:

- Die Herzfrequenz steigt.
- Das Blutvolumen nimmt zu.
- Der Blutdruck wird labil.
- Es kommt zu einer Unterzuckerungsneigung.
- Die Thermoregulation ist erschwert.
- Das Körpergewicht steigt.
- Es kommt zu einer »Auflockerung« von Sehnen, Bändern und Gelenken.

Insbesondere aus dem letzten Grund sind in der Schwangerschaft in erster Linie Sportarten zu empfehlen, bei denen das Körpergewicht nicht getragen werden muss, wie Schwimmen oder Radfahren. Sollten Sie bevorzugt laufen, so ist gerade zu Beginn der Schwangerschaft hiergegen nichts einzuwenden, allerdings kann es mit Zunahme des Bauchumfangs und des Körpergewichts zu Problemen kommen: Zum einen verschiebt sich der Körperschwerpunkt durch den wachsenden Bauch weiter nach vorne, zum anderen übt das erhöhte Gewicht eine hohe mechanische Belastung auf den Bewegungsapparat aus, so dass Beschwerden im Wirbelsäulenbereich, an Knie- und Fußgelenken gehäuft auftreten. Beim Radfahren in sehr sportlicher, also gestreckter Position kommt es nicht selten zu einer Kollision der Oberschenkel mit dem Bauch. In der Spätschwangerschaft ist die Bewegung im Wasser eindeutig am günstigsten.

Welche Vorteile bringt es, wenn man während der Schwangerschaft aktiv bleibt?

- Die Rückenmuskulatur wird gestärkt, wodurch man Beschwerden im Bereich der Wirbelsäule entgegenwirkt.
- Der Entstehung von Thrombosen, Krampfadern und Hämorrhoiden wird vorgebeugt.
- Während der Schwangerschaft wird nicht übermäßig an Gewicht zugenommen.
- Psychischer Stress wird besser abgebaut und das eigene Wohlbefinden verbessert.
- Die Wehen und die Geburt werden besser toleriert; Ausdauersportlerinnen benötigen bei der Geburt durchschnittlich weniger Schmerzmittel.
- Die Erholung von der Entbindung ist durch eine allgemein gute Regenerationsfähigkeit viel besser.

Sanftes Training ist in der Schwangerschaft kein Problem – aber hören Sie auf Ihren Körper!

Die Fehlgeburts- und Komplikationsrate ist gegenüber sportlich inaktiven Frauen nicht verändert, allerdings bringen Ausdauersportlerinnen oft etwas kleinere und leichtere Kinder zur Welt.

Die positiven Forschungsergebnisse sollen Sie zum Sporttreiben mit Maß auch während der Schwangerschaft animieren, sollten Sie jedoch keinesfalls dazu verleiten, Ihr individuelles Leistungsvermögen beim Körpertraining zu überschreiten. Bedenken Sie immer, dass Sie viel Energie auch für das Kind benötigen – nicht nur während der Schwangerschaft, sondern auch danach. Die richtige »Dosis« hängt sehr stark von Ihrer körperlichen Aktivität und Fitness vor Eintritt der Schwangerschaft ab. Wurde vor der Schwangerschaft kein oder kaum Sport getrieben, sollte nicht aus falschem Ehrgeiz oder weil zu viel an Körpergewicht zugenommen wurde, plötzlich während der Schwangerschaft mit einem intensiven oder sehr umfangreichen Training begonnen werden.

> Auf Ausdauerbelastungen in über 2000 Metern Höhe sollte in der Schwangerschaft wegen der Gefahr des Sauerstoffmangels grundsätzlich verzichtet werden.

Fazit: Bevorzugen Sie während der Schwangerschaft gelenkschonende Sportarten, und versuchen Sie, Ihren Leistungsanspruch zurückzuschrauben. Treten in Verbindung mit dem Training Blutungen, Unwohlsein, Augenflimmern, starker Schwindel, Atemnot oder Wehen auf, beenden Sie Ihr Training sofort, und lassen Sie eine gynäkologische Untersuchung durchführen.

Training nach der Schwangerschaft

Am Tag nach einer komplikationslosen Entbindung kann mit den ersten gymnastischen Übungen zur Festigung der erschlafften und ausgedehnten Becken- und Bauchwandmuskulatur unter Anleitung einer Hebamme begonnen werden. Weitere Aufbauübungen zur Kräftigung sollte man anschließend selbstständig oder bevorzugt in Kursform noch für mehrere Wochen durchführen. Mit einem moderaten Ausdauertraining darf nach etwa einem Monat wieder gestartet werden. Wegen der immer noch weichen Bänder sollten gelenkschonende Sportarten bevorzugt werden.

Auch wenn Sie vorher sehr gut trainiert waren: Steigern Sie die Trainingsdauer und die Anzahl der wöchentlichen Einheiten sehr behutsam. Gerade in den ersten Wochen erfordern die Umstellung auf das Familienleben, die neue Verantwortung und nicht zuletzt die oft schlaflosen Nächte viel Energie. Zudem können ein hohes Trainingspensum und eine relativ zu geringe Nahrungsaufnahme den Milcheinschuss zum Versiegen bringen. Übrigens: Etliche Hochleistungssportlerinnen waren nach ihrer Schwangerschaft leistungsstärker als je zuvor.

Training mit Kind

Lauf-, Walking- und Radtrainingseinheiten lassen sich relativ problemlos auch mit Babys und Kleinkindern durchführen. Ab ungefähr sechs Monaten, wenn Ihr Kind sitzen kann, können Sie es mit dem Baby-Jogger auf Ihre Laufstrecken mitnehmen. Der Baby-Jogger sollte 20-Zoll-Reifen haben, leicht und stabil sein sowie mit zusätzlichem Regen- und Sonnendach ausgerüstet sein. Inzwischen gibt es viele Nachbauten des original Baby-Joggers, die jedoch teilweise für den echten Sporteinsatz nicht geeignet sind. Machen Sie sich in einem aktuellen Test kundig, wie er ab und an in Laufzeitschriften erscheint, oder greifen Sie auf das bewährte Original aus den USA zurück. Ähnliches gilt für die Radanhänger. Auch hier finden Sie Tests in den entsprechenden Zeitschriften. Mit eineinhalb Jahren wird Ihr Kind großen Spaß daran haben, mit dem Rad gezogen zu werden.

Mit dem Baby-Jogger kann etwa ab dem 6. Lebensmonat des Kindes die ganze Familie zusammen Sport treiben.

Damit die Trainingseinheit für alle Beteiligten ein schönes Erlebnis wird und nicht in einem Dauergeschrei Ihres Kindes mündet, hier ein paar praktische Tipps:

- Gewöhnen Sie Ihr Kind von klein auf an das gemeinsame Training. Kaufen Sie einen Kinderwagen mit relativ großen luftgefüllten Reifen. Mit einem solchen Kinderwagen können Sie auch schon vor

dem Einsatz eines Baby-Joggers laufen gehen, wenn auch nicht ganz so komfortabel.

- Starten Sie mit Ihrer Trainingseinheit, wenn Ihr Kind satt und müde ist oder schon herumgetobt hat. Durch das sanfte Schaukeln wird es einschlafen oder entspannt die Gegend beobachten.

- Auch wenn der Kinderwagen oder Baby-Jogger recht geländegängig ist: Wählen Sie bevorzugt gut befestigte Wege. Ein leichtes Holpern tolerieren Kind und Trainierende noch gerne, starkes Rütteln dagegen wird für alle Beteiligten auf Dauer unbequem.

- Berücksichtigen Sie bei der Kleiderwahl Ihres Kindes, dass es sich im Gegensatz zu Ihnen nicht bewegt und im Baby-Jogger dem Fahrtwind ausgesetzt ist.

- Nutzen Sie den Kinderwagen oder Baby-Jogger als Trainingsinstrument. Hiermit lassen sich beispielsweise sehr effektive Bergaufläufe mit »Zusatzgewicht« gestalten. Da Ihr Kind ja kontinuierlich schwerer wird, müssen Sie auch stetig fitter werden!

- Da man einen Baby-Jogger für gewöhnlich mit einer Hand schiebt, können die Arme nicht wie gewohnt eingesetzt werden. Je höher das Lauftempo ist, umso unangenehmer macht sich dies bemerkbar. Schnellere Trainingseinheiten sollten deshalb bevorzugt »solo« absolviert werden. Das Gleiche gilt für das Training mit dem Radanhänger: Offiziell sind die Anhänger nur bis zu einer Geschwindigkeit um die 16 bis 20 km/h zugelassen. Sicherlich wird es kaum Probleme geben, wenn man etwas schneller fährt, auf Tempoeinheiten sollte aber verzichtet werden.

> Ein zu umfangreiches oder intensives Training ist weder der eigenen Leistungsfähigkeit noch dem Kind und der ganzen Familie zuträglich.

Training im Lauf der Jahreszeiten

Wieso im Winter auf dem Rad halb erfrieren oder im Sommer sehnsüchtig aus dem Fenster des Fitnessstudios schauen? Nutzen Sie die in unseren Breitengraden doch recht abwechslungsreichen Jahreszeiten, um auch Ihr Training im Jahresverlauf variabel zu gestalten.

Frühling: Die Tage werden endlich wieder länger, das erste Grün zeigt sich, die Luft ist frisch und vom Vogelgezwitscher erfüllt, die Sonne schickt erste wärmende Strahlen auf unsere winterblasse Haut – wen hält es da noch im Haus? Der Frühling ist also die ideale Jahreszeit, um wieder in die Outdoorsportarten einzusteigen. Ein kontinuierlicher Aufbau der eigenen Ausdauer wird es dem Körper schließlich auch leichter machen, die heißen Temperaturen im Sommer zu tolerieren.

Sommer: Natürlich freuen wir Ausdauersportlerinnen uns über den Sommer und die Sonne, andererseits kann die Hitze uns das Leben aber auch schwer machen. Vielleicht erinnern Sie sich an den »Hitzemarathon« der Frauen bei den Olympischen Spielen in Los Angeles, bei der eine Schweizerin völlig dehydriert, also ausgetrocknet, und wahrscheinlich auch unterzuckert die letzten zwei Kilometer wie betrunken zurücklegte. Um Zeit zu sparen, hatte sie zuvor Getränkestationen ausgelassen. Ein solcher Fehler kann tödlich enden!

Abhängig u.a. von der Dauer unseres Trainings, der Umgebungstemperatur, unserer Fitness und unserer Akklimatisationsfähigkeit stellt sich die so genannte Arbeitshyperthermie – eine Überhitzung des Körpers – ein. Aufgrund vieler Mechanismen schränkt eine erhöhte Körperkerntemperatur die Ausdauerleistung und natürlich das Wohlbefinden deutlich ein! Dies liegt u.a. daran, dass der Körper stark mit der eigenen Kühlung beschäftigt ist. Passiv kann uns die vorbeistreichende Luft kühlen. Dieser Mechanismus ist jedoch allenfalls beim Radfahren und Skaten effektiv. Also muss unser Körper selbst in punkto Kühlung aktiv werden. Dies geschieht zum einen über eine vermehrte Hautdurchblutung, zum anderen – und dieser Mechanismus ist sehr effektiv – durch die Verdunstung von Schweiß auf der Körperoberfläche, wobei pro Liter verdunstetem – nicht auf den Boden tropfenden – Schweiß 585 Kilokalorien an Energie abgegeben werden. Ist die Umgebungsluft allerdings selbst sehr feucht, wird dieser Mechanismus zunehmend ineffektiv!

Reebok
Expertentipp
Die Überhitzung des Körpers schränkt die Ausdauerleistung ein und kann im schlimmsten Fall zu gesundheitlichen Schäden führen.

Wie verhalten Sie sich in Hitzeperioden richtig?

- Geben Sie Ihrem Körper genügend Zeit, sich an die hohen Temperaturen anzupassen, d.h., führen Sie am ersten Tag einer Hitzeperiode kein überlanges oder intensives Training durch. Halten Sie sich lange in klimatisierten Räumen auf, akklimatisieren Sie sich draußen erst einen Moment, bevor Sie in Ihr Training einsteigen.
- Machen Sie Abstriche bei Trainings- und Wettkampfleistungen.
- Weichen Sie mit Ihren sportlichen Aktivitäten nach Möglichkeit auf die frühen Morgen- oder späten Abendstunden aus.
- Das oberste Gebot heißt trinken! Viele Frauen trinken per se zu wenig; dies rächt sich bei Hitze besonders, kommt es doch bereits bei einem Wasserverlust von zwei Prozent des Körpergewichts zu erheblichen Leistungseinbußen. Trinken Sie vorzugsweise Mineralwasser.
- Gehen Sie öfter schwimmen. Wir Frauen haben bei Wärme im Sommer aufgrund des meist schwächeren Bindegewebes oft mit angeschwollenen Füßen oder Unterschenkeln zu kämpfen. Nach dem Schwimmen ist davon nichts mehr zu spüren.

Pro Tag sollte man mindestens 1,5 Liter Flüssigkeit zu sich nehmen, bevorzugt Mineralwasser. Bei körperlicher Anstrengung bei großer Hitze erhöht sich der Wasserbedarf erheblich!

Erste Hilfe bei Hitzeschäden

Hitzeerschöpfung

Symptome: Durch den erhöhten Schweißverlust kommt es zu einem Flüssigkeitsmangel mit einem zunehmenden Wärmestau, Abgeschlagenheit, Übelkeit, Erbrechen und gegebenenfalls Bewusstlosigkeit oder Durchfall. Der Puls und die Atemfrequenz sind erhöht, der Blutdruck fällt ab, die Haut ist blass und kaltschweißig, die Körpertemperatur ist nicht oder nur leicht erhöht, es können Muskelschmerzen und Muskelschwäche auftreten.

Maßnahmen: Flachlagerung mit angehobenen Beinen, wenn möglich sollte eine Elektrolytlösung getrunken werden. In schweren Fällen muss die Einweisung ins Krankenhaus erfolgen.

Hitzschlag

Symptome: Durch eine ausgeprägte Wärmeregulationsstörung, die meist durch einen längeren Aufenthalt in der Hitze bei gleichzeitiger körperlicher Anstrengung entsteht, kommt es zu Schwindel und Kopfschmerzen sowie Bewusstseinstrübungen bis zur Bewusstlosigkeit. Es kann zu Krampfanfällen und einem Schockzustand kommen, die Körpertemperatur steigt über 40 °C an.

Maßnahmen: Flachlagerung in kühler Umgebung (erhöhter Kopf). Kalte Umschläge und Eismassage, Einweisung ins Krankenhaus!

Hitzeohnmacht

Symptome: Durch eine hitzebedingte Hautgefäßerweiterung kommt es zu einer Minderdurchblutung des Gehirns mit Kollaps und kurzer Bewusstlosigkeit und Schwäche sowie Übelkeit.

Maßnahmen: Flachlagerung in kühler Umgebung mit angehobenen Beinen.

Trinken Sie stets ausreichend! Nur so kann die Thermoregulation durch das Schwitzen funktionieren.

63

Sonnenstich

Symptome: Durch eine lange direkte und intensive Sonnenein-strahlung kommt es zu einer Hirnhautreizung mit Unruhe und Benommenheit, Schwindel, Übelkeit, Erbrechen und Nackensteifig-keit. Auffällig ist ein hochroter, heißer Kopf.

Achtung: Sollte die Betroffene nach einem Sonnenstich bewusstlos werden, muss sie unbedingt ins Kranken-haus eingewiesen werden.

Maßnahmen: Flachlagerung in kühler Umgebung mit erhöhtem Kopf und Kühlung des Kopfes.

Hitzekrämpfe

Symptome: Durch extreme Schweiß- und damit Kochsalzverluste bei Langzeitbelastungen kommt es zu Muskelzuckungen oder Mus-kelkrämpfen der beanspruchten Arbeitsmuskulatur.

Maßnahmen: Unterbrechung der körperlichen Anstrengung und Aufnahme von reichlich Flüssigkeit (1–2 Liter) in Form von Elektro-lytlösungen oder selbst hergestellter Kochsalzlösung mit 2 Teelöf-feln Kochsalz auf 1 Liter Wasser. Im Extremfall ist eine Infusionsbe-handlung nötig.

Decken sie sich vor der kalten Jahreszeit rechtzeitig mit wetterfester Funktionsklei-dung ein, bevor der große Run auf diese Artikle losgeht.

Herbst: Die Tage werden wieder kürzer, die ersten Herbstunwetter zwingen uns dazu, das Rad, die Inlineskates oder die Laufschuhe im Haus oder Keller stehen zu lassen. Überlegen Sie sich Alternativen zu Ihrem Training im Freien, und leiten Sie dementsprechende Maßnahmen ein, d.h., melden Sie sich im Fitnessstudio an, mieten Sie die Tennishalle, oder belegen Sie den Skigymnastikkurs im Sportverein. Und nutzen Sie noch die letzten Sonnenstrahlen des Altweibersommers für ausgiebige Ausdauereinheiten an der frischen Luft, um mit einer möglichst guten Ausdauergrundlage in den Win-ter zu starten.

Winter: Die kurzen Tage und kalten Temperaturen vereiteln oft alle guten Vorsätze hinsichtlich eines kontinuierlichen Trainings, es sei denn, Sie wohnen im Süden in der Nähe der Berge und können zum Skilanglaufen gehen. Glückwunsch, dann ist der Winter Ihre Zeit!

Aber auch wer mit schneearmen Wintern leben muss, kann die Zeit nutzen. Im Folgenden ein paar Tipps, wie Sie gut durch den Winter kommen.

- Der Winter ist ideal, um Kraft zu tanken! Melden Sie sich im örtlichen Fitnessstudio oder im Sportverein an, und führen Sie dann regelmäßig ein kraftausdauerbetontes Ganzkörperkräftigungsprogramm durch. Die Trainer vor Ort werden Sie beraten.

- Wollten Sie immer schon mal wieder regelmäßig Tennis, Badminton oder Squash spielen? Dann ist dies jetzt der richtige Zeitpunkt für den Einstieg!

- Beim Training an der frischen Luft starten Sie bewusst langsam, denn der Körper benötigt Zeit, um auf Betriebstemperatur zu kommen!

- Sollten Sie die Möglichkeit haben, am Vormittag oder in den Mittagsstunden Sport zu treiben, nutzen Sie diese! Es ist hell, und wenn die Sonne scheint, tanken Sie Vitamin D. Dieses Vitamin kann der Körper mit Hilfe von UV-Strahlung selbst herstellen, und wir benötigen es zum Aufbau und Erhalt eines kräftigen Knochengerüsts – für uns Frauen ist das wegen der erhöhten Osteoporosegefahr nach den Wechseljahren besonders wichtig!

- Die Kleidung sollte nach dem »Zwiebelschalenprinzip« aufgebaut sein, also mehrere dünne Lagen übereinander angezogen werden. Eine Weste oder Laufjacke mit eingearbeitetem Windstopper ist im Winter grundsätzlich empfehlenswert. Kleben Sie gegebenenfalls Pflasterstreifen über die Brustwarzen, oder, noch besser, tragen Sie einen mit Windstopper ausgestatteten Sport-BH. Die Brustwarzen sind bei manchen Frauen extrem kälteempfindlich.

- Verabreden Sie sich: Eine Gruppe kann beim Training in der Dunkelheit Sicherheit geben. Es ist nicht sehr angenehm, bei einbrechender Dunkelheit als Frau allein zu joggen. Außerdem werden Sie seltener Ihrer Bequemlichkeit nachgeben, denn die anderen erwarten Sie schließlich beim gemeinsamen Training!

Reebok
Expertentipp
Variieren Sie Ihr Training über das Jahr und bauen Sie bewusst neue Bewegungsformen ein. Das stellt neue Reize an den Körper und motiviert Sie immer wieder aufs neue.

Das Training
in der Praxis

Es kann losgehen

Endlich ist es so weit: Sie dürfen Ihr theoretisches Wissen in die Praxis umsetzen. Neben der konsequenten Umsetzung der Trainingsgrundlagen und Trainingsvariationen sollten Sie auch an Ihrer Technik feilen, denn hierdurch werden Sie nicht nur schneller, sondern die Bewegungsabläufe werden ästhetischer und das Verletzungsrisiko nimmt ab. Deshalb werden Ihnen im Folgenden vor allem in den Disziplinen, in denen es maßgeblich auf die richtige Technik ankommt – beim Laufen und Schwimmen auch! – ein paar Tipps zur Technikverbesserung gegeben.

> Die Laufgeschwindigkeit sollte so gewählt werden, dass eine Unterhaltung noch möglich ist.

Laufen

Bei einem entsprechend langsamen Tempo sollte selbst die absolute Einsteigerin ein paar Minuten am Stück laufen können. Langsam kann bedeuten, kaum schneller als im Gehtempo vorwärts zu kommen, aber im Gegensatz zum Gehen eine kurze »Flugphase« in der Bewegung zu haben. Machen Sie sich bitte von dem Gedanken frei, dass Laufen mit großer Anstrengung und einem hochroten Kopf verbunden sein muss. Bleiben Sie in Ihrem Wohlfühlbereich, und steigern Sie in den nächsten Wochen zunächst die Laufdauer, nicht das Tempo!

Machen Sie sich zunächst einmal keine Gedanken hinsichtlich Ihres Laufstils und der Atmung, vertrauen Sie Ihrem Körper. Mit dem Feinschliff kann begonnen werden, wenn sich ein Gefühl für die neue Bewegung eingestellt hat.

Ist es schließlich problemlos möglich, 30 Minuten am Stück zu laufen, können die Gehintervalle, wie sie im Plan auf Seite 68 angegeben sind, in sehr lockeres Traben übergehen. Können Sie dreimal pro Woche um die 45 Minuten laufen, sind Sie längst keine Einsteigerin mehr, sondern schon eine »richtige« Läuferin. Jetzt macht es Sinn, einen Laktattest durchführen zu lassen, bei dem die Herzfre-

> **Reebok**
> **Expertentipp**
> Laufen soll Spaß machen, Ihnen leicht fallen und gut tun. Versuchen Sie besonders anfangs so zu laufen, dass Sie nicht außer Atem kommen und sich nur leicht angestrengt fühlen.

Trainingsplan für die Laufeinsteigerin		
	1. Einheit	**2. Einheit**	**3. Einheit**
Woche I	5 Min. schnell gehen 10 Min. locker traben 5 Min. schnell gehen	5 Min. schnell gehen 15 Min. locker traben 5 Min. schnell gehen	je 5 Min. zu Beginn und Ende gehen dazw.: 5 Min. laufen, 1 Min. gehen, das Ganze 3-mal
Woche II	5 Min. schnell gehen 15 Min. locker traben 5 Min. schnell gehen	5 Min. schnell gehen 20 Min. locker traben 5 Min. schnell gehen	je 5 Min. zu Beginn und Ende gehen dazw.: 5 Min. laufen, 1 Min. gehen, das Ganze 4-mal
Woche III	5 Min. schnell gehen 15 Min. locker traben 5 Min. schnell gehen	5 Min. schnell gehen 20 Min. locker traben 5 Min. schnell gehen	je 5 Min. zu Beginn und Ende gehen dazw.: 5 Min. laufen, 1 Min. gehen, das Ganze 5-mal
Woche IV	5 Min. schnell gehen 10 Min. locker traben 5 Min. schnell gehen	PAUSE	je 5 Min. zu Beginn und Ende gehen dazw.: 5 Min. laufen, 1 Min. gehen, das Ganze 3-mal

quenzen für die verschiedenen Trainingsbereiche bestimmt werden. Ab jetzt dürfen und sollten Sie auch Ihr Lauftempo variieren!

Der richtige Laufstil

Wie schon erwähnt, ist es für die Einsteigerin nicht nötig, auf den Laufstil zu achten. Sollten Sie allerdings vorhaben, Wettkämpfe zu bestreiten oder gar Leistungssportlerin zu werden, sollten Sie sich unbedingt einen perfekten Laufstil aneignen, denn in einer guten Lauftechnik liegen große Leistungsreserven. Läuferinnen, die bereits einige Lauferfahrung haben, empfehle ich das Absolvieren eines Lauf-ABCs. Hierbei wird die natürliche Laufbewegung in ihre Bestandteile »zerlegt« und die einzelnen Abschnitte einzeln geübt.

Eine genaue Anleitung zum richtigen Laufstil finden Sie in entsprechenden Fachbüchern und Videos. Besonders zu empfehlen ist das Buch von Herbert Steffny: Perfektes Lauftraining. Südwest Verlag.

Dadurch wird ein in der Gesamtheit flüssigerer Laufstil erlernt. Übungen sollte man sich von leichtathletikerfahrenen Läuferinnen oder Läufern zeigen lassen, die einen bei den ersten Versuchen auch korrigieren. Es würde den Rahmen dieses Buchs sprengen, Sie genau mit allen Kriterien eines guten Laufstils vertraut zu machen. Erwähnung finden sollte aber auf jeden Fall die in letzter Zeit immer wieder heiß diskutierte Frage, ob besser über den Vor- oder Rückfuß gelaufen werden sollte. Postulierte man noch bis vor wenigen Jahren, für Langstreckenläufer und -läuferinnen sei ein Abrollen über die Ferse unabdingbar, so machen uns momentan insbesondere etliche Afrikaner und Afrikanerinnen vor, dass man selbst Marathondistanzen im Vorfußlaufstil bewältigen kann! Dieser Laufstil galt immer als der Laufstil für Sprinter. Grundsätzlich stellen die zwei Lauftechniken sehr unterschiedliche Ansprüche an den Bewegungsapparat:

Haben Sie als Rückfuß-Läuferin keinerlei Beschwerden, macht es meist keinen Sinn, den Laufstil auf den Vorfuß-Stil umzustellen, da Sie hierdurch eventuell erst Probleme provozieren.

Beim **Vorfußlaufen** ist die Wadenmuskulatur im Moment des Bodenkontaktes vorgespannt, u.a. auch der Musculus tibialis posterior, der einem zu starken Nach-innen-Wegknicken, der so genannten Überpronation, des Fußes sehr wirkungsvoll entgegenwirkt. Die vorgespannte Wadenmuskulatur fängt zudem den harten Aufprall beim Bodenkontakt zum größten Teil ab.

Beim **Rückfußlaufen** befindet sich die Wadenmuskulatur zum Zeitpunkt des Aufpralls im entspannten Zustand, so dass das körpereigene Pronations- und Dämpfungselement wegfällt und adäquate Schuhe bzw. die eigenen Innenbänder im Bereich des Sprunggelenks diese Funktion übernehmen müssen.

Exemplarischer Trainingsplan für die Fortgeschrittene			
	1. Einheit	**2. Einheit**	**3. Einheit**
Beispiel-woche	45 Minuten Dauerlauf im Grundlagenpulsbereich, dehnen	5 Min. locker warm laufen, 20 Min. im individuellen Schwellenbereich, 5 Min. schnell gehen	60 Minuten Dauerlauf im Grundlagenpulsbereich, dehnen

Daraus wird deutlich, dass das Laufen auf dem Vorfuß aus mechanischer Sicht sinnvoll ist und schon zu Beginn einer »Läuferkarriere« erlernt werden sollte. Was aber tun, wenn man schon seit Jahren über den Rückfuß läuft und seinen Stil umstellen möchte? Zunächst muss geprüft werden, ob dies überhaupt Sinn macht. Sollten Sie keinerlei Beschwerden haben und schon seit Jahren über die Ferse abrollen, birgt eine Umstellung die Gefahr, Verletzungen zu provozieren, denn Ihr Bewegungsapparat hat sich über Jahre Ihrem individuellen Laufstil angepasst.

Wollen Sie es mit dem Vorfußlaufen probieren? Dann sollten Sie zum Einstieg zunächst wenige Minuten barfuß laufen, am besten auf Sand, Rasen oder einem Laufband, da sich barfuß der Vorfußlaufstil automatisch einstellt, denn die eigene Ferse dämpft zu wenig und das Abrollen über den ganzen Fuß würde nach kurzer Zeit schmerzen. Nach ein paar solcher Laufeinheiten kommt es sowohl vom zentralen Nervensystem als auch vom Bewegungsapparat zu einem Lerneffekt. Dieses neue »Laufmuster« gilt es nun auch auf das Laufen in Schuhen zu übertragen.

Laufen Sie zu Beginn Ihrer Laufrunde zunächst ein paar Minuten auf dem Vorfuß, bis dies subjektiv unangenehm wird. Bei der nächsten Laufeinheit steigern Sie die Zeit minimal, bis Sie irgendwann die gesamte Strecke auf dem Vorfuß zurücklegen können. Ein Hemmnis dieses Vorhabens kann darin bestehen, dass die meisten der üblichen Laufschuhmodelle einen Vorfußlaufstil durch eine große Pronationsstütze und schlechte Passform im Vorfußbereich regelrecht behindern. Vorfußläuferinnen sollten deshalb bei der Laufschuhwahl auf Folgendes achten:

- Der Schuh sollte keine bzw. nur eine kleine Pronationsstütze haben.
- Verzichten sollten Sie auf zusätzliche Dämpfung (Gelkissen etc.) im Vorfußbereich, da dies eine saubere Fußführung erschwert.
- Die Schuhsohle sollte in Vor- und Rückfußbereich unterteilt sein, da diese dem Fuß eine größere Torsionsfreiheit bietet.

Bei zu hohem Körpergewicht und besonders bei Vorschädigungen im Vorfußbereich, beispielsweise bei einem eingesunkenen Fußgewölbe, können Probleme beim Vorfußlauf auftreten.

Reebok

Expertentipp

Lassen Sie sich bei der Schuhauswahl Zeit und achten Sie auf eine gute Beratung. Ein Schuh muss in erster Linie zu Ihrem Fuß und Laufstil passen, die Frage nach der Optik darf erst an zweiter Stelle stehen.

- Ein besonderes Augenmerk sollten Sie auf eine angenehme Passform im Vorfußbereich legen.

Walken und Nordic Walking

Das Walken unterscheidet sich vom herkömmlichen Wandern zum
einen durch das höhere Tempo, zum anderen durch den akzentu-
ierten Armeinsatz. Beim so genannten Nordic Walking muss mit den
Armen sogar noch mehr getan werden: Hier wird die Fortbewegung
zusätzlich mit einer Art Skilanglaufstock, dem so genannten Walking
Stock, unterstützt. Dies führt durch den höheren Muskeleinsatz der
Arm-, Schulter- und Rückenmuskulatur zu einem Ganzkörpermus-
keleinsatz und dementsprechend zu einer größeren Herz-Kreislauf-
Belastung und einem höheren Kilokalorienverbrauch als beim normalen Walken. Als Einsteigerin können Sie sich an den auf Seite 68f.
abgedruckten Laufplänen orientieren, wobei die Laufpassagen einfach durch das Walken ersetzt werden.

*Beim Nordic Walking,
dem Walking mit Stock-
einsatz, wird zusätzlich
auch der Oberkörper
gefordert.*

Radfahren

Das Besondere am Radfahren ist, dass man auch als Einsteigerin –
ein moderates Tempo vorausgesetzt – sofort eine relativ lange Belastungsdauer tolerieren kann, ohne den Bewegungsapparat übermäßig zu belasten.

Einsteigerinnen würde ich zunächst eine kürzere Tour von 45 bis
60 Minuten unter der Woche empfehlen und am Wochenende eine
etwas längere Tour, alles bei niedriger Belastungsintensität. Sie lieben es sportlich und wollen auf dem Rennrad Ihre Kilometer her-
unterspulen? Kein Problem, aber auch hier gilt, nicht über das Ziel
hinauszuschießen, gehen Sie das Ganze systematisch an. Tasten Sie
sich an Ihr momentanes Limit vorsichtig heran, und steigern Sie
zunächst die Fahrdauer und nicht die Geschwindigkeit; diese wird
mit der Zeit wie von selbst steigen.

Eine Wochenendtour mit
dem Fahrrad macht noch
mehr Spaß, wenn Sie mit
Freunden oder der Familie
ein attraktives Ziel ansteuern,
beispielsweise ein Eiscafé
oder einen Badesee.

Tipps für das Rennrad- und Mountainbiketraining:

● Fahren Sie nie ohne Helm! Die meisten Unfälle mit schweren Verletzungen oder gar Todesfälle hätten mit einem Kopfschutz verhindert werden können.

● Sollten Sie das erste Mal mit Klickpedalen fahren, machen Sie sich vor Ihrer ersten Tour unbedingt auf einer wenig befahrenen Straße mit dem Auslösemechanismus vertraut. Gerade in hektischen Situationen (plötzliches Bremsen an Ampeln, etc.) besteht die Gefahr, dass Sie vergessen, mit dem Pedal fest verbunden zu sein. Mit der Zeit wird dieses ungewohnte Pedalsystem jedoch zur Routine, und Sie werden die Vorteile zu schätzen lernen.

*Seien Sie nicht zu über-
mütig beim Mountain-
biken und verzichten
Sie nie auf die richtige
Schutzkleidung, beson-
ders den Helm! Schonen
Sie Ihre Umwelt, und
fahren Sie nur da mit
dem Mountainbike, wo
es auch gestattet ist.*

● Fahren Sie immer mit Ersatzschlauch, Minipumpe, Flickzeug und ein paar Euro. Nehmen Sie, wenn möglich, ein Handy für Notfälle mit.

● Ist man mehrere Stunden unterwegs, sollte nie auf zusätzliche Bekleidung, vorzugsweise mit Windstopper, und ausreichend Verpflegung, insbesondere Getränke, verzichtet werden.

● Ist man nicht ortskundig, sollte die Radkarte nicht fehlen.

● Nutzen Sie Ihre Gangschaltung: Variieren Sie Gänge und Trittfrequenz! Angeblich sollen Frauen besonders »schaltfaul« sein. Das dürfen wir doch nicht auf uns sitzen lassen, oder?

● Insbesondere lange Touren fahren sich in der Gruppe leichter. Im Windschatten lassen sich bis zu 30 Prozent Energie sparen, außerdem kann man sich gegenseitig durch das eine oder andere »Tief« helfen.

Schwimmen

Die meisten von uns können schwimmen, doch kaum einer kann es richtig, denn das Schwimmen ist eine hochtechnische Disziplin, wollen wir wirklich schnell schwimmen. Die korrekte Körperlage im Wasser ist die wichtigste Voraussetzung, um eine saubere Schwimmtechnik zu erlernen. Im Idealfall liegt man in horizontaler Stromlinienlage auf dem Wasser. Dies minimiert den Wasserwiderstand bei der Vorwärtsbewegung beträchtlich, so dass man mit weniger Krafteinsatz schneller vorwärts kommt. Achten Sie also darauf – egal ob beim Brust- oder Kraulschwimmen –, dass Sie eine hohe Körperspannung halten und Ihre Füße sich an der Wasseroberfläche befinden. Das Gefühl für die korrekte Wasserlage wird sich in einem gewissen Rahmen von selbst einstellen, günstig wäre es jedoch, wenn Ihnen jemand mit viel Schwimmerfahrung Tipps geben und Übungen zeigen könnte. Durch ein Techniktraining lässt sich die Schwimmleistung deutlich verbessern, zudem lässt es keine Eintönigkeit aufkommen. Führen Sie das Techniktraining zu Beginn Ihrer Schwimmeinheit durch, denn zu dem Zeitpunkt sind Sie noch frisch und konzentrationsfähig. Ihre Technik verbessern können Sie z. B., indem Sie Arm- und Beinschlag getrennt voneinander üben.

Klemmen Sie sich ein Schwimmbrett oder einen so genannten Pullboy zwischen die Oberschenkel, und schwimmen Sie nun ausschließlich mit den Armen Brust oder Kraul. Sie werden zunächst sehr langsam vorwärts kommen und vor allem schnell ermüden. Das ist normal. Versuchen Sie, in dieser Art 50 Meter weit zu kommen, danach pausieren Sie kurz und schwimmen dann locker weiter. Mit der Zeit können Sie Ihr Pensum steigern und diese Strecke bis zu fünfmal zurücklegen. Ähnlich isoliert kann man auch den Beinschlag trainieren: Das Schwimmbrett wird mit jeder Hand am seitlichen Ende umfasst und mit gestreckten Armen vor den Körper gehalten. Jetzt kann der Beinschlag ausgeführt werden. Achten Sie auch hier unbedingt auf einen gestreckten Körper, halten Sie den

Bevor Sie akribisch an Ihrer Schwimmtechnik feilen, sollten Sie erst einmal 20 Minuten problemlos am Stück schwimmen können, in welchem Schwimmstil, ist zunächst egal.

Kopf nahe der Wasseroberfläche. Beim Beinschlag beim Brustschwimmen sollte das Gesicht im Schwimmrhythmus sogar ein paar Zentimeter unter die Wasseroberfläche eintauchen. Auch hier schwimmen Sie zunächst 50 Meter und pausieren danach kurz. Im Allgemeinen wird die Übung des Beinschlags als leichter empfunden. Steigern Sie diese Einheit wie beim Armschlag.

Auch für das Techniktraining ist es ideal, wenn Sie korrigiert werden. Nach dem Techniktraining, das ungefähr 30 Prozent Ihrer Schwimmzeit ausmachen sollte, schwimmen Sie noch 20 Minuten locker weiter und versuchen, das isoliert Gelernte in die Gesamtbewegung umzusetzen. Da Schwimmen orthopädisch recht unbelastend ist – bei Rückenproblemen Rücken- und Kraulschwimmen bevorzugen –, benötigt der Bewegungsapparat weniger Zeit zur Regeneration, und man muss selbst als Einsteigerin nicht so lange zwischen den Einheiten pausieren.

Beim Aquajogging können Sie das Laufen an Land imitieren. Möglich ist auch die Verwendung von Auftriebshilfen, entweder eines »Aquajoggers« zum Umschnallen oder – wie hier – einer »Pool-Nudel«. Mit dieser können Sie besonders auch ihre Armmuskeln trainieren, indem Sie versuchen, sie möglichst weit nach unten zu drücken.

Aquajogging

Das Aquajoggen kann man sehr gut mit einer Schwimmeinheit verbinden, indem man sich nach dem Schwimmen noch 10 bis 20 Minuten »ausläuft«. Natürlich kann man auch eine komplette Aquajogging-Trainingseinheit absolvieren (siehe das Beispiel auf Seite 76).

Zum Einstieg in das Aquajoggingtraining sollte man sich ein wenig mit dem Gefühl des Laufens im Wasser vertraut machen, indem man einfach draufloslegt. Schnallen Sie sich den »Aquajogger« um, und ab geht's ins Wasser.

Bewegen Sie Arme und Beine unter Wasser ähnlich wie beim Laufen an Land. Beim Laufen im Wasser und allen dazugehörigen

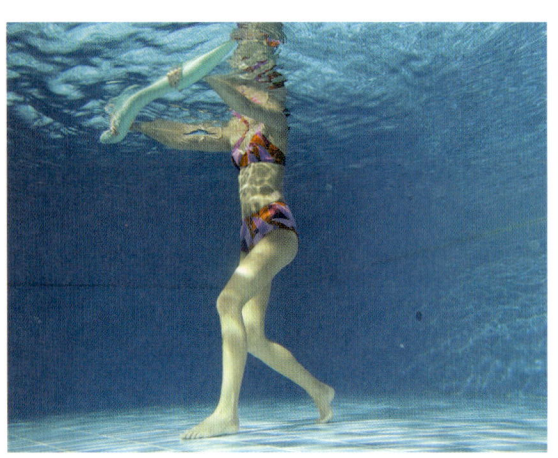

Übungsformen ist allerdings auf die folgenden Besonderheiten zu achten:

- Nicht ins Hohlkreuz fallen
- Hüfte nach vorne bringen (strecken)
- Fußeinsatz nicht vergessen – bei Beinvorbewegung Fuß anziehen, bei Beinrückführung Fuß strecken
- Die Bewegungen sollten in allen Stellungen aktiv durchgeführt werden.

Ihre ersten zwei bis drei Einheiten sollten ausschließlich aus dieser Art gleichmäßigen Joggings bestehen, dem Dauerlauf im Wasser. Die im Folgenden dargestellten Übungsformen dienen der Verbesserung der Technik und gestalten das Training abwechslungsreicher. Sie dienen jedoch lediglich als Anregung, der Phantasie hinsichtlich anderer Übungen/Laufstile sind keine Grenzen gesetzt. Es ist sinnvoll, zunächst die verschiedenen Laufstile im Zeitlupentempo oder auch mit geschlossenen Augen zu üben:

Robo-Lauf (einfachste Form): Lauf mit gestreckten Beinen.

Lauf mit Unterschenkelkick: Während des Hebens des Knies wird das Bein nach vorne geführt – wie beim Laufen an Land –, vor der Beinrückführung jedoch erst den Unterschenkel nach vorne kicken, also explosionsartig strecken.

Variationen: Abwechselnd hohe und niedrige Trittfrequenz, großer und kleiner Bewegungsumfang der Beinbewegung, mit und ohne Armeinsatz.

Neben den verschiedenen Laufstilen können Sie wie an Land auch in verschiedenen Trainingsformen und Trainingsintensitäten laufen. Das Prinzip ist das gleiche wie an Land, wobei im Wasser allerdings nach Minuten und Pulsfrequenz trainiert werden sollte und nicht, wie es in der Regel an Land gehandhabt wird, nach Streckenlängen und Zeiten. Auch beim Aquajogging gilt wie bei fast allen Sportarten: Zusammen mit anderen macht es viel mehr Spaß, und man kann sich z. B. mit »silly walks« gegenseitig zum Lachen bringen.

Wer sich umfassender mit dem Aquajogging auseinander setzen möchte, sollte sich nach Kursen erkundigen, die mittlerweile bereits in vielen Volkshochschulen, Sportvereinen etc. angeboten werden.

Sehr gut für ein Training im Wasser ist beispielsweise das so genannte Intervalltraining geeignet. Dabei können Sie z. B. 2, 4, 6, 4, 2 Minuten intensiv trainieren (Belastung im Bereich der individuellen anaeroben Schwelle), dazwischen legen Sie jeweils eine Pause von 2 Minuten ein. Diese Form des Intervalltrainings nennt man auch »Pyramide«. Eine weitere Möglichkeit wäre, z. B. 5- bis 8-mal jeweils 3 Minuten zu laufen und dazwischen eine Pause von 1 bis 2 Minuten einzulegen.

Beim Dehnen im Wasser sind durch das minimierte Körpereigengewicht hervorragende Voraussetzungen für einen Beweglichkeitszuwachs gegeben.

Eine komplette Aquajogging-Trainingseinheit könnte folgendermaßen aussehen:

- Aufwärmphase: 5 bis 10 Minuten locker einlaufen
- Gymnastik: 15 Minuten im Wasser oder an Land dehnen
- Hauptprogramm: Technikübungen, Dauerlauf oder Intervalltraining
- Cool-down: 5 bis 10 Minuten locker auslaufen.

Ein Aquajoggingtraining ist übrigens auch ohne Gurt möglich: Auch im hüfttiefen Wasser können Sie laufen und Koordinationsübungen wie Wechselsprünge, Kniehebelauf und Fußgelenksarbeit sowie die meisten Dehnübungen durchführen.

Inlineskaten

Das Training auf den schnellen Rollen verlangt entweder Erfahrung mit einer verwandten Sportart, wie Rollschuh- oder Schlittschuhlaufen, ein sehr gutes Körpergefühl und/oder den Besuch eines Kurses. Beim Skaten werden hohe Anforderungen an den Gleichgewichtssinn gestellt. Da oft in belebter Gegend mit vielen Außenreizen, wie anderen Verkehrsteilnehmern, Straßenunebenheiten etc., geskatet wird, ist ein hohes Maß an Konzentration erforderlich. Das Training wird insbesondere Einsteigerinnen mit allen Sinnen fordern, dafür wird der schnell spürbare Lernerfolg Motivation für weitere Übungseinheiten geben.

Tipps für den Einstieg:

- Starten Sie nie ohne Schutzausrüstung!
- Wenn möglich, lassen Sie sich von einer Freundin oder einem Freund die wichtigsten Grundkenntnisse beibringen.
- Suchen Sie sich für Ihre ersten Rollversuche einen leeren Parkplatz, eine unbefahrene Straße o. Ä. Üben Sie hier unbedingt zunächst das richtige Bremsen, das kontrollierte Fallen und das sichere Ausweichen. Erst wenn Sie dies beherrschen, sollten Sie sich in eine belebtere Umgebung wagen und mit dem eigentlichen Ausdauertraining anfangen.

Exemplarischer Trainingsplan für die Skateeinsteigerin		
	1. Einheit	**2. Einheit**	**3. Einheit**
Beispiel-woche	10 Min. Technikübungen 40 Min. locker rollen dehnen	10 Min. locker rollen 30 Min. Erlernen neuer Techniken, dehnen	60–90 Min. Skaten im Grundlagenpuls-bereich, dehnen

Multisportarten

Seien Sie doch mal wieder vielseitiger in Training und Wettkampf! Wenn Sie die Möglichkeit haben, Ihr Ausdauertraining vielseitig zu gestalten, nutzen Sie diese! Wenn Sie Ihren Sport nicht wettkampforientiert betreiben wollen, ist der Zeitaufwand auch nicht höher als für die Monodisziplinen.

Oft finden Quereinsteiger aus dem Lauf- oder Radsport z. B. im Duathlon »ihre« Sportart, besonders wenn sie in der »Monodisziplin« von Verletzungen geplagt waren oder die Motivation aufgrund von Monotonie zurückging.

Ganz allgemein gilt: für die gesundheits- und fitnessorientierte »nur Läuferin« sollte ein abwechslungsreiches Sportprogramm selbstverständlich sein oder werden.

Triathlon

Triathlon besteht aus Schwimmen, Radfahren und Laufen. Beim Schwimmen ist es zunächst völlig unerheblich, in welchem Stil eine Trainingseinheit absolviert wird, der Stil kann auch variiert werden. Brustschwimmen fällt den meisten Frauen leichter als etwa Kraulschwimmen empfunden, weshalb es wahrscheinlich erst einmal den höheren Anteil an der Schwimmeinheit haben wird.

Haben Sie Ihr Training gemäß dem Einsteigerplan erfolgreich durchgezogen, können Sie nach dem Aufbauplan trainieren, den Sie im Kapitel »Wettkampfvorbereitung und Wettkampf« (Seite 94ff.) finden. Aber auch wenn Sie keinen Wettkampf bestreiten wollen, können Sie den Aufbauplan als Orientierung nutzen.

Trainingsplan für die Triathloneinsteigerin

	Schwimmen	Radfahren	Laufen
Woche I	5 Min. locker schwimmen 2 Bahnen schneller schwimmen 5 Min. locker schwimmen	1 Std. Rad im Grundlagenpulsbereich 10 Min. dehnen	5 Min. schnell gehen 10 Min. locker traben 5 Min. schnell gehen
Woche II	10 Min. locker schwimmen 2 Bahnen schneller schwimmen 5 Min. locker schwimmen	1 Std. Rad im Grundlagenpulsbereich 10 Min. dehnen	5 Min. schnell gehen 15 Min. locker traben 5 Min. schnell gehen
Woche III	10 Min. locker schwimmen 2 Bahnen schneller schwimmen 8 Min. locker schwimmen	1,5 Std. Rad im Grundlagenpulsbereich 10 Min. dehnen	10 Min. locker traben 5 Min. schnell gehen 10 Min. locker traben
Woche IV	5 Min. locker schwimmen 2 Bahnen schneller schwimmen 5 Min. locker schwimmen	1 Std. Rad im Grundlagenpulsbereich 10 Min. dehnen	PAUSE

Duathlon

Durch die Symbiose der Sportarten Laufen und Radfahren wird das Verletzungsrisiko für chronische Überlastungsschäden gesenkt, sowie Abwechslung durch Hinzunahme einer Sportart erreicht. Auf dem Rad kann die Grundlagenausdauer hervorragend trainiert werden und zwar – im Gegensatz zum Laufen – über viele Stunden hinweg, was sich positiv auf den Fettstoffwechsel auswirkt.

Radfahren und Laufen kräftigen die Oberschenkelmuskulatur etwas unterschiedlich und entlasten durch den Aufbau einer kräftigen muskulären »Manschette« das Kniegelenk, welches bei Läufern und Läuferinnen sehr oft eine Schwachstelle im orthopädischen System darstellt.

Trainingsplan für die Duathloneinsteigerin			
	Laufen	Radfahren	Laufen
Woche I	je 5 Min. zu Beginn und Ende gehen dazw.: 5 Min. laufen, 1 Min. gehen das Ganze 3-mal	1 Std. Rad im Grundlagenpulsbereich 10 Min. dehnen	5 Min. schnell gehen 10 Min. locker traben 5 Min. schnell gehen
Woche II	je 5 Min. zu Beginn und Ende gehen dazw.: 5 Min. laufen, 1 Min. gehen das Ganze 4-mal	1 Std. Rad im Grundlagenpulsbereich 10 Min. dehnen	5 Min. schnell gehen 15 Min. locker traben 5 Min. schnell gehen
Woche III	je 5 Min. zu Beginn und Ende gehen dazw.: 5 Min. laufen, 1 Min. gehen das Ganze 5-mal	1,5 Std. Rad im Grundlagenpulsbereich 10 Min. dehnen	10 Min. locker traben 5 Min. schnell gehen 10 Min. locker traben
Woche IV	je 5 Min. zu Beginn und Ende gehen dazw.: 5 Min. laufen, 1 Min. gehen das Ganze 3-mal	1 Std. Rad im Grundlagenpulsbereich 10 Min. dehnen	PAUSE

Dehnen
& Kräftigen

Locker sein macht stark

Kraft und Beweglichkeit gehören zusammen. Nur kräftige Muskeln, die gleichzeitig gut gedehnt sind, können ihr Kraftpotenzial auch voll entfalten. Außerdem sind die Gelenke durch eine kräftige Muskelmanschette besser geschützt und die Bewegungsausführung wird effizienter. Legen Sie bei der Auswahl der Übungen einen besonderen Schwerpunkt auf die Rumpfstabilisation, denn starke Rücken-, Bauch- und Beckenbodenmuskeln sind für eine Umsetzung der Kraft auf die Beine und Arme von großem Vorteil. So können Sie beispielsweise schneller und mit größerem Schritt laufen und walken, wenn Sie das Becken und den unteren Rücken stabilisieren können, denn Sie verhindern Ausweichbewegungen, die Sie zusätzlich Kraft kosten würden. Die Trittfrequenz beim Radfahren hängt neben den bestimmenden Größen wie Bewegungskoordination und Beinkraft auch von der Stabilisation des Oberkörpers ab.

Starker Rücken und stabiler Rumpf

Anspannen, halten, lösen – das verlangt viel Kraft und Koordination in den Bauch-, Becken- und Rückenmuskeln. Achten Sie dabei auf eine aufrechte Wirbelsäule, atmen Sie regelmäßig und versuchen Sie die Spannung für 1–2 Atemzüge bei dynamischen Übungen, 3–4 bei allen Halteübungen beizubehalten. Besonders die Übung »Spannungsübung im Einbeinstand« eignet sich hervorragend vor dem Laufen, Walken und Radfahren, weil sie die Muskeln in der Körpermitte optimal auf die Haltearbeit beim Ausdauertraining vorbereitet. Achten Sie bei allen Übungen auf eine saubere Ausführung der Bewegung. Anfangs reichen 3–5 Wiederholungen pro Übung, die Sie im Idealfall 3–4 Mal pro Woche durchführen. Sie werden schnell bemerken, dass Ihnen die Übungen mit der Zeit viel leichter fallen werden. Erhöhen Sie im Laufe der Wochen die Wiederholungszahl langsam auf bis zu 10 Wiederholungen.

Dehnungsübungen

▲ **Dehnung der Oberschenkelvorderseite und Hüftbeuger im Knien**

Ein Bein aufgestellt, das zweite angebeugt am Boden. Die Hüfte im Stütz rücklings strecken.

▲ **Dehnung der Oberschenkelvorderseite bei gestreckter Hüfte im Stehen**

Ein Bein anbeugen und die Ferse bei gestreckter Hüfte Richtung Gesäß führen.

▶ **Dehnung der Hüfte im Ausfallschritt**

In der Schrittstellung das vordere Bein beugen, das hintere bleibt gestreckt, die Hüfte zieht zur vorderen Ferse.

Reebok

▼ Dehnung der Wadenmuskulatur im Stehen

In der Schrittstellung das Gewicht auf das vordere Bein verlagern, die Ferse des hinteren Fußes fest in den Boden drücken.

▲ Dehnung der Wadenmuskulatur und Beinrückseite in der Pyramide

Aus dem Vierfüßlerstütz das Gesäß anheben und nach hinten oben schieben, Beine langsam strecken, Fersen ziehen Richtung Boden, der Rücken wird lang gestreckt.

▼ Dehnung der Beinrückseite im Stehen

In einer leichten Schrittstellung mit geradem Rücken nach hinten auf einen gedachten Stuhl setzen , dabei die Ferse in den Boden stemmen. Den Oberkörper mit dcn Händen auf dem Oberschenkel abstützen.

▲ Dehnung der Beinrückseite im Liegen

Ein Bein gestreckt Richtung Körper führen, das zweite Bein ist gebeugt und der Fuß liegt fest am Boden auf.

Dehnungsübungen

▲ Dehnung der Gesäßmuskulatur im Liegen

Ein Bein angebeugt auf den zweiten Oberschenkel auflegen. Das zweite Bein zum Körper heranziehen.

▲ Dehnung der Gesäßmuskulatur im Stehen

Ein Bein angebeugt auf den zweiten Oberschenkel ablegen und auf einen gedachten Stuhl mit geradem Oberkörper nach hinten absitzen. Die Arme für die Balance angewinkelt nach vorne halten.

◀ Dehnung der Beininnenseiten im Ausfallschritt

Im Grätschstand ein Bein beugen, die Hände auf den Oberschenkeln abstützen.

Reebok

◀ Dehnung der Körperseiten im Stehen

Das linke hinter dem rechten Bein kreuzen, den linken Arm über Kopf strecken und den Oberkörper leicht nach rechts beugen.

▶ Rumpfstreckung im Stehen

Hüftbreiter Stand, die Hände im Rücken am Beckenkamm eingestützt. Das Brustbein beim Einatmen weit nach oben strecken. Beim Ausatmen lockern.

▼ Rumpfrotation im Stehen

Hüftbreiter Stand, die Hände auf den Schultern aufgelegt. Abwechselnd die rechte Schulter nach vorne drehen und das Gegenknie dazu anheben. Der Oberkörper bleibt aufrecht.

▼ Dehnung der Rumpfmuskeln im Drehsitz

Ein Bein angewinkelt neben dem zweiten Knie aufgestellt. Den Oberkörper drehen, dabei über die Schulter schauen.

Kräftigungsübungen

◄ Gehen im Ellbogenstütz

Im Ellbogenstütz, die Beine leicht gebeugt, die Füße 2 cm anheben und kleine Schrittbewegungen machen.

Radfahren in der Seitenlage ▼

Beide Beine leicht abheben und Radfahrbewegung ausführen, dabei den Oberkörper nicht mitbewegen.

Reebok

▶ **Wirbelsäulenauf-richtung und -rotation in der Bauchlage**

In der Bauchlage den Rumpf aufrichten, mit der linken Hand zum rechten Fuß fassen und dagegendrücken, dabei das rechte Knie an-beugen.

◀ **Wirbelsäulenaufrichtung und -rotation im Vierfüßlerstütz**

Eine Hand hinter dem Kopf, dann unter dem Körper durchführen und wieder weit nach oben strecken.

87

Kräftigungsübungen

▼ Längsstreckung und Beckenstabilisierung im Vierfüßlerstütz

Im Vierfüßlerstütz langsam das rechte Bein und den rechten Arm gestreckt anheben. Der Rücken bleibt stabil, Schultern und Hüfte parallel zum Boden.

▼ Beckenstabilisierung in der einbeinigen Brücke

In der Rückenlage, die Füße aufgestellt, ein Bein mit beiden Händen zum Körper heranziehen. Das Becken und den Rücken anheben und die Hüfte strecken.

▼ Rumpfkraft im Seitstütz

Aus der Seitenlage im gestreckten Seitstütz das obere Bein und den oberen Arm abspreizen.

Reebok

▼ Spannungsübung im Einbeinstand

Auf einem Bein stehend, das zweite Knie gebeugt Richtung Bauch halten und mit der Gegenhand Spannung am Oberschenkel aufbauen.

▲ Bauchkraft in der Stemmübung in Rückenlage

Beide Beine gebeugt angehoben, Hände im Wechsel innen gegen Oberschenkel spannen.

▶ Hand- und Knietouch im Liegestütz

Im Liegestütz das rechte Knie und die linke Hand unter dem Körper gegeneinander anspannen. Dasselbe mit dem linken Knie und der rechten Hand durchführen.

Indoor-Ausdauertraining

Mittlerweile existieren eine Vielzahl von Indoor-Trainingsmöglichkeiten. Fitness Studios bieten im Cardiobereich verschiedene Trainingsgeräte an: Laufbänder, Stepper, Ergometer, eliptische Crosstrainer, Rudergeräte und Klettermaschinen. Daneben haben Sie die Möglichkeit in Ausdauerkursen zu Step Aerobic, Aerobic, Indoor Cycling, Indoor Rowing in einem Intervalltrainingsformat Ihre kardiovaskuläre Leistungsfähigkeit zu verbessern. Es wurden auch Trainingsformen entwickelt, um mehrere Fähigkeiten an einem Gerät zu trainieren, ein Beispiel hierfür ist das Reebok Core Board Training.

Reebok Core Board Training, das multidimensionale »Wackelbrett« schult die Wahrnehmung und verbessert die Muskelaktivierung.

Das Core Board Training

Schritt-, Lauf- und Sprungbewegungen auf dem Reebok Core Board verbessern die Kraftausdauer der Muskulatur, das Reaktionsvermögen und die Stabilisationskraft. Die in alle Richtungen bewegliche Oberfläche ermöglicht ein sensomotorisches Training, was bedeutet, dass die eigene Körperwahrnehmung geschult wird. Hierdurch kann sich der Körper durch eine verbesserte inter- und intramuskuläre Koordination schneller auf Veränderungen im Raum einstellen, was beispielsweise beim Laufen (verringerte Gefahr des Umknickens), beim Radfahren und Inlineskaten (schnelleres Reagieren auf die Straßengegebenheiten) sehr von Nutzen ist.

Indoor Cycling

Hierbei trainieren Sie, begleitet und motiviert durch einen Trainer und Musik, in einer Gruppe auf einem stationären Fahrrad – unabhängig von Wind und Wetter und Leistungsunterschieden in der Gruppe. Ein großer

Vorteil liegt darin, dass Sie sich einzig und allein auf sich selbst konzentrieren können ohne zusätzlich auf Reize von außen wie Straßenverkehr, Ampeln oder sehr steile Berge achten zu müssen. Trittfrequenz und Tritttechnik, wie Wiegetritt und Entwicklung der aeroben und anaeroben Ausdauer sind Bestandteile einer Stunde, bei der jede Trainierende individuell den Intensitätsgrad durch die Einstellung des Tretwiderstandes am Rad selber bestimmen kann. So können Sie auch als Einsteigerin ohne große Probleme mitradeln, im Gegensatz zu »echten« Radausflügen, die sich teilweise wegen des unterschiedliches Trainingslevels der Teilnehmer schwierig gestalten.

Indoor Rowing

Hierbei rudern Sie »auf dem Trockenen«. Mit Rudergeräten, wie z.B. dem Concept II Ruderer, können Sie die Ruderbewegung recht

Beim Indoor Cycling kommen alle gleichzeitig ans Ziel.

Indoor Rowing: Weltweite Ranglisten, öffentliche Ruderwettbewerbe und Kurse laden ein zum Mitmachen.

91

Auf dem Laufband können Sie bei Wind und Wetter trainieren.

Step Aerobic: Steigern Sie Ihre Fitness durch den »Step«!

exakt imitieren. Sie trainieren nicht nur Ihr Herz-Kreislaufsystem, sondern betreiben eine effektive Ganzkörperkräftigung. Wer nicht gerne alleine trainiert, ist in den Indoor Rowing Kursen bestens aufgehoben. Das Training, oft mit Musikuntermalung, motiviert und vermittelt das Gefühl des Mannschaftsruderns. Indoor-Ruderwettbewerbe finden weltweit statt und wer will, kann sich online registrieren und sogar mit einem virtuellen Trainingspartner trainieren. Geben Sie in eine Suchmaschine »indoor rowing« ein, Sie werden staunen, wie viele Adressen Sie erhalten (z. B.: www.crash-b.org).

Laufen auf dem Laufband

Im Gegensatz zum natürlichen Laufen bewegen nicht Sie sich fort, sondern es bewegt sich der Boden unter Ihren Füßen. Hat man sich an diese Bewegung gewöhnt, bietet das Laufband eine schöne Trainings-Alternative bei schlechtem Wetter und Dunkelheit. Die Wahl der Geschwindigkeit und Steigung sowie verschiedene Trainingsprogramme ermöglichen ein gut strukturiertes Training was beim Erreichen gesetzter Trainingsziele sehr hilfreich ist. Natürlich eignet sich das Laufband auch zum Walking. Achten Sie beim Gerät auf eine gute Dämpfung, die Möglichkeit verschiedene Steigungswinkel einzustellen und einen starken und leisen Motor. Ein gutes Laufband sollte über Haltegriffe und einen leicht erreichbaren Notknopf verfügen, der das Band anhält, wenn Sie mal stolpern sollten.

Step Aerobic

In verschiedenen Schrittbewegungen und zu Musik steigen Sie auf einer speziell entwickelte »Trainingstreppenstufe« auf und ab. Von athletisch ausgerichteten Stunden, die sehr intensiv für die Beinmuskulatur sein können, bis hin zu Dance-Elementen auf dem »Step«, wird inzwischen alles in den Fitness Studios angeboten. Neben der aeroben und anaeroben Ausdauer wird speziell die Kraft in den Beinen und die Koordination geschult. Haben Sie einmal alle Schrittvariationen kennengelernt, macht das Training vor allen denjenigen sehr viel Spaß, die gerne in der Gruppe zu guter Musik trainieren.

Stepper

Beim Stairclimer, Stepper und verschiedenen Treppensteiggeräten vollziehen Sie die Bewegung des Treppensteigens dynamisch nach. Das bedeutet, dass Sie durch Ihren Auftritt die Treppenstufe bzw. Standfläche nach unten weg drücken. So wird die Treppensteigbewegung simuliert und Sie benötigen neben ausreichend Ausdauer auch die Kraft im Rumpf-und Beinbereich um Ihr Körpergewicht auf die nächste Stufe hoch zu bewegen. Sie werden das Training positiv bemerken bei allen Treppen, die Sie im Alltag zu steigen haben. Außerdem ist das Training auf den Steppern eine gute Vorbereitung auf das Bergwandern.

Beim Training auf dem Crosstrainer sind alle großen Muskeln im Körper aktiv.

Crosstrainer

Unter den Crosstrainern werden Ausdauertrainingsgeräte zusammengefasst, die ein Ganzkörpertraining fördern. Derzeit erfreuen sich die eliptischen Geräte großer Beliebtheit. Die Beinbewegung erfolgt dabei in einer eliptischen Bewegungsform, um die Muskelkraft der Beine möglichst optimal ausnutzen zu können. Die Arme werden bei allen Crosstrainern im natürlichen diagonalen Muster bewegt. So können Sie Sportarten wie Klettern oder Skilanglauf stationär ausüben. Dies stellt nicht nur eine hervorragende Vorbereitungsmöglichkeit auf die jeweilige Sport-Saison dar, sondern ermöglicht ein effektives Training bei begrenztem Zeitbudget.

Wettkampf-
vorbereitung
und **Wettkampf**

Wahl der Sportart und Streckenlänge

Wenn man länger in einer bestimmten Ausdauersportart aktiv ist, kommt es nicht selten zum Wunsch, einen Wettkampf zu bestreiten, um die Leistungsfähigkeit im Vergleich mit anderen einzuordnen, um die eigenen Grenzen auszuloten oder um sich mit anderen Sportlern und Sportlerinnen auszutauschen. Im Zuge des Marathonbooms beginnen sogar viele Menschen nur mit einem Ziel das Laufen, nämlich einen Marathonwettkampf zu bestreiten. Egal was Ihr Ziel auch sein mag, auf eine solche Herausforderung, bei der Sie sich – schon durch die Wettkampfatmosphäre und die eigene Aufregung – viel intensiver belasten als im Training, sollten Sie sich gut vorbereiten. Erst müssen Sie sich darüber klar werden, in welcher Sportart Sie starten und welche Streckenlänge Sie wählen wollen.

Der Laufwettkampf

Die klassischen Volkslaufstrecken gehen über fünf und zehn Kilometer sowie die Halbmarathon- und Marathondistanz. Um an einem Fünf-Kilometer-Lauf teilnehmen zu können, reicht es, wenn Sie eine Dreiviertelstunde am Stück laufen können. Für einen Zehn- Kilometer-Lauf sollte es eine gute Stunde sein. Einen Halbmarathon empfehle ich nur, wenn Sie auf den zuvor erwähnten Strecken schon im Wettkampf Erfahrung gesammelt haben, und für einen Marathon sind Erfahrungen über die Halbmarathondistanz von Vorteil. »Schnellschüsse« in der Art von »In sechs Monaten vom absoluten Laufanfänger zum Marathonfinisher« können auch nach hinten losgehen und sind gesundheitlich bedenklich. Der Stoffwechsel, das Herz-Kreislauf-System und der gesamte Bewegungsapparat benötigen Zeit, um für eine solche Belastung bereit zu sein. Billigt man dem Körper zu wenig Zeit zu, kann es leicht zu Überlastungserscheinungen, Verletzungen und Infekten kommen. Arbeiten Sie also lieber langfristig und gewissenhaft auf Ihr Ziel hin.

Übrigens: Es gibt auch spezielle Frauenläufe über verschiedene Distanzen. Hier nur eine kleine Auswahl:
• AVON Frauenlauf Berlin, 10km, 2003 mit 10528 Läuferinnen, www.berlin-marathon.com/events/frauenlauf
• Frauenlauf von Bern, 5km, 2002 mit 12940 Läuferinnen, www.frauenlauf.ch
• Wiener Frauenlauf, 5km, 2002 mit 7414 Läuferinnen, www.oesterreichischer-frauenlauf.at

Läuft allen davon – Paula Radcliffe, die Weltrekordhalterin im Marathon.

Der Radwettkampf

Im Radbereich werden sehr viele RTFs (Radtouristikfahrten) angeboten. Dies sind keine Wettkämpfe im klassischen Sinn, da es meist weder Sieger noch eine individuelle Zeitmessung gibt. Auch starten die Teilnehmer nicht gemeinsam, sondern es wird eine Zeitspanne vorgegeben, in der man losfahren darf. Trotzdem haben diese Semiwettkämpfe ihren Reiz und leben von ihrem Tour-de-France-Flair: Oft finden sich Grüppchen auf der Strecke, die wie ein echtes Radteam zusammenarbeiten, um auf die nächste Gruppe aufzuschließen. Wie bei echten Wettkämpfen gibt es auf der Strecke regelmäßig Verpflegungsstationen.

Echte Radwettkämpfe nur für Frauen sind eher rar, da Frauen sowohl im Rennrad- als auch Mountainbikesport deutlich unterrepräsentiert sind.

Zunehmend werden Radmarathons, sowohl im Gelände als auch auf der Straße, angeboten, bei denen Frauen und Männer gemeinsam an den Start gehen. Die Wertung erfolgt getrennt nach Jahrgängen und Geschlechtern. Die Streckenlänge beträgt nicht – wie der Name vermuten ließe – die klassische Marathondistanz von 42,195 Kilometern, sondern liegt meist deutlich darüber. Häufig sind Distanzen um die 120 Kilometer zurückzulegen. Auch für Radwettkämpfe gilt: Bereiten Sie sich gewissenhaft vor.

Der Inlineskatewettkampf

Wettkämpfe mit den schnellen Rollen werden zunehmend in Volkslaufveranstaltungen und insbesondere Marathons integriert. Schaffen Sie die Marathondistanz auf Skates bereits im Training, können Sie sicher ausweichen und bremsen, steht einem Marathonstart auf Inlinern nichts mehr im Weg. Ich würde aber empfehlen, vor dem Wettkampf einmal in einer größeren Gruppe zu skaten, denn gerade am Start sollte man sich auch mit Skates durchsetzen können und keine Angst vor Körperberührungen haben. Bestreiten Sie den Wettkampf zwingend in den Skates, die Sie auch im Training benützen. Ein fataler Fehler wäre, die schnellen Speedskates von der Freundin auszuleihen, um dann am Start festzustellen, dass Sie damit keinen Meter fahren können, denn das Gefühl auf fünf Rollen unterscheidet sich enorm von dem auf vier Rollen. Fremde oder nicht eingefahrene Schuhe bergen außerdem das Risiko, nach einer gewissen Zeit Druckstellen oder Blasen zu verursachen, was ein Fortkommen sicherlich nicht angenehmer macht.

Der Triathlonwettkampf

Ein Volkstriathlon besteht aus 600 Metern Schwimmen, 20 Kilometern Radfahren und einem abschließenden Fünf-Kilometer-Lauf. Die Uhr läuft vom Schwimmstart bis zum Überqueren der Ziellinie durch; somit gibt es eigentlich auch noch eine vierte Disziplin, nämlich den Wechsel. An einem solchen Wettkampf können Sie sich versuchen, wenn Sie die geforderten Streckenlängen problemlos im Training bewältigen. Als spezielle Wettkampfvorbereitung sollte man zudem die Wechsel vom Schwimmen auf das Radfahren und vom Radfahren auf das Laufen trainieren. Für den ersten Triathlon benötigt man keine teure Ausrüstung. Man wird auch ohne Rennrad zugelassen. Achtung: Es besteht immer Helmpflicht!

Hat man bei einem Volkstriathlon einmal Feuer gefangen, kann man seine Ziele langsam höher stecken: Probieren Sie doch einmal die olympische Distanz von 1,2 Kilometern im Wasser, 40 Kilometern auf dem Rad und zu guter Letzt zehn Kilometern in Laufschuhen. Hierfür sollte man allerdings schon Erfahrungen von Volksdistanztriathlons oder anderen Ausdauersportwettkämpfen mitbringen. Die Krönung für fast jede Triathletin stellt das »Finishen« eines Langdistanzrennens, wie den Ironman auf Hawaii, dar. Wegen der ungeheuren Streckenlängen von 3,8 Kilometern Schwimmen, 180 Kilometern auf dem Fahrrad und dem abschließenden Marathonlauf ist für eine solche Distanz aber schon ein semiprofessionelles Training erforderlich. Es gibt sogar Langdistanzrennen, bei denen die drei-, fünf- oder zehnfache Strecke zurückgelegt werden muss!

Eine Teilnahme an einem der großen City-Inline-Marathons, beispielsweise in Berlin oder Köln, ist sehr reizvoll, kann man so doch die Stadt auf Skates kennen lernen, ohne mit dem lästigen Autoverkehr in Berührung zu kommen.

Die Vorbereitung

Grundregeln: Ihr Training sollte in der Vorbereitungsphase zu einem Wettkampf zunächst allgemein ausdauerbetont sein. Je näher jedoch der Tag X rückt, desto wettkampfspezifischer müssen Sie auch trainieren. Steht z. B. ein flacher Lauf an, sollten Ihre wettkampfspezifischen Tempoeinheiten im Schwellenbereich auch im flachen Gelände erfolgen. Wollen Sie einen Wettkampf auf der Stadionbahn laufen, sollten Sie dort Ihre Einheiten absolvieren, steht ein Berglauf an, laufen Sie im Schwellentraining bergan. Bei den Multisportarten gestaltet sich das Training noch komplexer, müssen doch die Wechsel trainiert werden und der Körper daran gewöhnt werden, die geforderten Disziplinen nacheinander zu absolvieren.

Stressvermeidung vor einem wichtigen Wettkampf ist fast so wichtig wie das Training.

Dies ist nicht nur hinsichtlich der Belastungslänge eine Herausforderung, sondern auch hinsichtlich der Koordination. Haben Sie schon einmal versucht, nach dem Radfahren zu laufen? Wenn nein: Probieren Sie es einmal aus! Da die Vorbereitung für einen Triathlon besonders komplex ist, habe ich einen Plan zusammengestellt, mit dessen Hilfe Sie einen Volkstriathlon »finishen« können (siehe Seite 100f.).

Für die unmittelbare Wettkampfvorbereitung gilt eine einfache Faustregel: Je härter, länger und wichtiger der Wettkampf ist, umso ausgeruhter – psychisch wie physisch – sollte man sich der Herausforderung stellen. Dabei reicht es nicht, nur den Tag vor dem Rennen einen Pausentag einzulegen, sondern es kann ratsam sein, eine mehrtägige »Taperingphase« einzulegen: Umfang und Intensität des Trainings werden merklich reduziert. Achten Sie verstärkt auf ausreichend Schlaf und eine ausgewogene kohlenhydratbetonte Ernährung. Lassen Sie so wenig Stress wie möglich an sich heran.

Psychischen Wettkampfstress können Sie reduzieren, indem Sie den Wettkampf nicht als Bedrohung, sondern als Herausforderung, ein tolles Abenteuer ansehen. Natürlich will auch ein Abenteuer geplant sein, also spielen Sie mögliche »Hindernisse« vorher im Kopf durch, und überlegen Sie, wie Sie jeweils mit den Problemen fertig werden. Jeder Wettkampf ist mit so vielen Unwägbarkeiten behaftet, dass selten alles glatt laufen wird – nicht nur bei Ihnen nicht, bei den anderen auch nicht – eine »Panne« sollte Sie also nicht frühzeitig aus dem Konzept bringen, sondern sehen Sie diese als eine zusätzliche Herausforderung an, die es zu meistern gilt!

Die richtige Ernährung

Ziel einer Wettkampf vorbereitenden Ernährung ist es, die Kohlenhydratreserven, also die Glykogenspeicher, im Körper zu vergrößern, um mehr Energie in Form von Kohlenhydraten am Wettkampftag zur Verfügung zu haben. Am besten erreichen Sie dieses Ziel, wenn Sie den Prinzipien der so genannten Saltin-Diät folgen. Diese Diät besteht aus drei Phasen:

- Phase eins: Reduzierung der Glykogenvorräte im Körper durch ein ausdauerbetontes Training bei Einschränkung der Kalorienzufuhr.
- Phase zwei: Für zwei bis drei Tage Aufnahme von ausgesprochen kohlenhydratarmer, dafür fett- und eiweißhaltiger Kost, in Kombination mit einer sehr hohen Ausdauerbelastung. Dadurch werden die Glykogenvorräte abgebaut.
- Phase drei: Das so genannte Carboloading: Zwei bis drei Tage sollte der Kohlenhydratanteil der täglich aufgenommenen Energiezufuhr 70 Prozent und mehr betragen, bei deutlich verringertem Trainingsumfang.
- Am Ende von Phase drei folgt dann der Wettkampf.

Die Saltin-Diät stellt ein Diätprinzip dar und keinen konkreten Essensplan. Bei der Umsetzung der Saltin-Diät kommt es allerdings

Ein Wetterumsturz, etwa ein Platzregen, Muskelkrämpfe, Seitenstiche, Reifenpannen etc. können eine unvorbereitete Sportlerin aus der Bahn werfen. Stellen Sie sich auf alle möglichen Eventualitäten ein, dann sind Sie Herr bzw. Frau der Lage.

Achten Sie in den letzten Tagen vor dem Wettkampf auf eine kohlenhydratreiche Ernährung und trinken Sie bewusst viel.

nicht selten zu Problemen: Das Aufrechterhalten des Trainings in der Phase zwei mit kohlenhydratarmer Kost kostet viel Überwindung. Man fühlt sich saft- und kraftlos. Es kann zu Unterzuckerungserscheinungen mit Schwäche und psychischer Reizbarkeit kommen, aber auch zu einer muskulären Überlastung aufgrund des lokalen Energiemangels. Ein Nachteil des Carboloadings besteht in einer Gewichtszunahme von ein bis zwei Kilogramm, die hauptsächlich durch Wassereinlagerung in der kohlenhydratreichen Phase verursacht wird. Die »echte« Saltin-Diät ist also mit Vorsicht zu genießen.

Auszuprobieren lohnt sich eine abgeschwächte Variante, bei der man sich ein bis zwei Wochen vor dem Wettkampf bis zur Erschöpfung belastet, im weiteren Verlauf wie gewohnt trainiert und isst und erst zwei bis drei Tage vor dem Wettkampf auf sehr kohlenhydrat-

Aufbautrainingsplan Triathlon

	1. Einheit	2. Einheit	3. Einheit
Woche I	8 Min. locker schwimmen 3 Bahnen schneller schwimmen 8 Min. locker schwimmen	1,5 Std. Rad im Grundlagenpulsbereich 10 Min. dehnen	10 Min. locker traben 2 Min. schnell gehen 10 Min. locker traben
Woche II	8 Min. locker schwimmen 3 Bahnen schneller schwimmen 8 Min. locker schwimmen	1,5 Std. Rad im Grundlagenpulsbereich 10 Min. dehnen	10 Min. locker traben 1 Min. schnell gehen 10 Min. locker traben
Woche III	10 Min. locker schwimmen 3 Bahnen schneller schwimmen 8 Min. locker schwimmen	1,5 Std. Rad im Grundlagenpulsbereich 10 Min. dehnen	20 Min. locker traben 1 Min. Endspurt dehnen
Woche IV	1 Std. Rad im Grundlagenpulsbereich 10 Min. dehnen	20 Min. locker traben dehnen	PAUSE

	1. Einheit	2. Einheit	3. Einheit
Woche V	15 Min. locker schwimmen 2 Bahnen Endspurt dehnen	1 Std. Rad Grundlage danach sofort 10 Min. locker laufen	20 Min. locker traben dehnen
Woche VI	15 Min. locker schwimmen 2 Bahnen Endspurt dehnen	1 Std. Rad Grundlage danach sofort 10 Min. schneller laufen	25 Min. locker traben dehnen
Woche VII	15 Min. locker schwimmen 3 Bahnen Endspurt dehnen	1,5 Std. Rad Grundlage danach sofort 10 Min. schneller laufen	30 Min. locker traben dehnen
Woche VIII	1 Std. Rad Grundlage danach sofort 10 Min. locker laufen	20 Min. locker traben dehnen	PAUSE
Woche IX	15 Min. locker schwimmen 2 Bahnen Endspurt, danach sofort 30 Min. Rad schnell	25 Min. locker traben dehnen	1 Std. Rad Grundlage danach sofort 15 Min. schneller laufen
Woche X	15 Min. locker schwimmen 2 Bahnen Endspurt, danach sofort 30 Min. Rad schnell	30 Min. locker traben dehnen	1 Stunde Rad Grundlage danach sofort 15 Min. schneller laufen
Woche XI	15 Min. locker schwimmen 2 Bahnen Endspurt, danach sofort 30 Min. Rad schnell	40 Min. locker traben dehnen	1 Std. Rad Grundlage danach sofort 15 Min. schneller laufen
Woche XII	1 Std. Rad Grundlage danach sofort 15 Min. schneller laufen	20 Min. locker traben dehnen	WETTKAMPF

reiche Ernährung möglichst in Form von komplexen Zuckern achtet. Bitte probieren Sie eine Diät nie vor dem wichtigsten Wettkampf des Jahres – Ihrem Ziel – zum ersten Mal aus. Testen Sie die Methode unbedingt im weiten Vorfeld bei einem Testwettkampf.

Der Tag X

Reebok

Expertentipp

Sie wollen Ihren ersten Wettkampf nicht alleine bewältigen und haben keinen Trainingspartner, der mitläufft? Bei den Run Reebok Trophys werden Sie durch Ihren ersten Lauf begleitet und unterstützt.

Nun steht er also unmittelbar bevor, der Tag X, auf den Sie so lange gewartet haben, für den Sie so viel Zeit geopfert haben und sich mitunter natürlich auch geschunden haben. Bis zum Start haben Sie noch ein wenig Zeit, es gilt, letzte Vorbereitungen zu treffen, sich für den Wettkampf anzumelden, die Ausrüstung zu checken, noch einmal ganz bewusst auf die Ernährung zu achten.

Der Laufwettkampf

Am leichtesten ist die unmittelbare Vorbereitung auf einen Volkslaufwettkampf von fünf oder zehn Kilometern Länge. Anmelden kann man sich fast immer noch am Veranstaltungstag bis eine Stunde vor dem Start. Mitnehmen müssen Sie lediglich wetterangepasste Kleidung, Ihre Laufschuhe sowie Duschzeug und Wechselbekleidung. Was man konkret anziehen muss, ist natürlich wetterabhängig und kann erst kurz bevor man sich auf den Weg macht entschieden werden. Ziehen Sie sich etwas dünner als im Training an.

Wenn Sie es nicht schon können: Lernen Sie, wie man einen Reifen schnell wechselt, und packen Sie für den Wettkampf eine Miniluftpumpe, einen Ersatzschlauch, Reifenheber und ein Multitoolwerkzeug ein.

Der Radwettkampf

Ein Radwettkampf benötigt schon etwas mehr Vorbereitung. Bei einer Radtouristikfahrt kann man sich wie beim Laufwettkampf auch direkt vor Ort anmelden. Bei einem Radmarathon hingegen muss man sich oft schon Wochen im Voraus anmelden, da die Startplätze teilweise begrenzt sind. Vor einem Radwettkampf sollte man unbe-

dingt sein Rad checken (lassen): Funktionieren Bremsen und Schaltung, sitzen alle Schrauben fest, haben die Reifen genug Profil und
Luft etc.? Erstreckt sich der Wettkampf über viele Stunden und/oder
viele Höhenmeter, benötigt man unterschiedlich warme Radbeklei-
dung und vorzugsweise auch eine Windstopperweste oder -jacke.
Meist wird unterwegs ausreichend Verpflegung angeboten, gut
gefüllte Radflaschen und auch eine Notration Kohlenhydrate, z. B. in
Form eines Energieriegels, sollten Sie trotzdem immer dabeihaben.
Denken Sie an den Radhelm!

Der Inlineskatewettkampf

Auch für die meisten Inlineskatewettkämpfe ist eine frühzeitige
Anmeldung erforderlich. Manche Marathons sind sogar schon Monate vorher ausgebucht! Checken Sie Ihre Skates im Vorfeld: Sind die
Rollen noch in Ordnung, gut geölt und sitzen sie fest, hat der Stop-
per noch ausreichend Profil? Ein Problem tritt bei Regen auf: Ohne

*Frauenmarathon 2000
vor Sidneys Skyline.*

besonders weiche Regenrollen ist ein Start beim Wettkampf meist nicht möglich, da es sich mit normalen Rollen wie auf Schmierseife fährt. Die übrige Vorbereitung ist simpel: Man packt einfach die gleichen Sachen ein, die man auch zum Training anziehen würde, inklusive Helm und Schutzkleidung. Es gibt auch spezielle Inline-Wettkampfanzüge, Einteiler aus eng anliegendem dünnen Funktionsstoff. Bei einem Inlinemarathon macht es gegebenenfalls Sinn, mit einer kleinen Hüfttasche zu fahren, in die eine Radflasche und etwas zu essen gesteckt werden kann.

Der Multisportwettkampf

In der Vorbereitung am komplexesten sind die Multisportwettkämpfe. Auch hier gilt, dass man sich schon Wochen vorher anmelden muss. Bei einem Triathlon benötigt man für das Schwimmen natürlich Schwimmbrille und Badeanzug. Je nach Wassertemperatur darf man im offenen Gewässer noch einen Neoprenschwimmanzug anziehen. Ein solcher Anzug hält nicht nur warm, sondern er ist auch eine kleine Auftriebshilfe. Gerade Schwimmerinnen mit suboptimaler Wasserlage profitieren stark von einem solchen Gummianzug. Trainieren Sie vor dem Wettkampf unbedingt das Ausziehen dieser zweiten Haut! Für das Radfahren und Laufen benötigt man das Equipment wie für einen Rad- und Laufwettkampf, lediglich in punkto Bekleidung gibt es Triathlonspeziallösungen, beispielsweise Einteiler für verschiedene Wettersituationen, in denen man schwimmen, Rad fahren und laufen kann. Die Bekleidung sollte unbedingt schon im Training auf ihre Bequemlichkeit getestet werden.

Überlegen Sie sich im Vorfeld, in welchem Pulsbereich oder bei welcher Geschwindigkeit Sie das Rennen absolvieren können. Ein Laktattest und eine entsprechende Beratung können Ihnen hierbei behilflich sein.

Letzte Vorbereitungen vor dem Start

Vor dem Start erhalten Sie eine Startnummer, manchmal auch einen Transponder – dies ist ein Chip, der am Schuh oder Handgelenk befestigt werden muss und mit dem Ihre Zeit sekundengenau erfasst wird –, außerdem sind meist eine Streckenbeschreibung, Wettkampfregeln und ein paar kleine Geschenke in der Tüte. Gerade als Einsteigerin empfehle ich, die Startunterlagen schon am Vortag abzuholen, um unnötigen Stress am Wettkampftag zu vermeiden.

Am Wettkampftag selbst isst man lediglich leicht Verdauliches, wie Weißbrot mit Honig. Probieren Sie schon im Training aus, was bei Ihnen nicht schwer im Magen liegt. Ihre letzte Mahlzeit sollte drei bis vier Stunden vor dem Start erfolgen. Gerade bei Laufwettkämpfen sollten Sie vorher lieber etwas zu wenig als zu viel essen, um Magenkrämpfen, Durchfall oder Seitenstichen vorzubeugen.

Je nach Umgebungstemperatur und Streckenlänge wärmen Sie sich etwas auf. Je länger die Wettkampfdauer und je höher die Umgebungstemperatur, desto weniger sollte man sich aufwärmen. Bedenken Sie, dass beim Aufwärmen schon Energie verbraucht wird, die Sie beim Wettkampf gut brauchen können. Meiner Erfahrung nach – und seriöse Studien bestätigen dies – müssten Sie sich bei den meisten Wettkämpfen gar nicht aufwärmen. Die Leistungsfähigkeit ist bei kühler Körperschale messbar höher, und die Gefahr, dass Sie sich eine Zerrung zuziehen, äußerst gering. Wegen der zögerlichen Herz-Kreislauf-Anpassung werden Sie sich auf den ersten Metern des Rennens zwar nicht sofort optimal fühlen, dies ist aber ein Vorteil, bewahrt es Sie doch vor einem zu forschen Starttempo.

Es gibt auch Weltklasseathleten und -athletinnen, die sich vor Langstreckenrennen kategorisch nicht warm laufen oder fahren, obwohl diese Hochleistungssportler meist eine sehr empfindliche, da sehr spezialisierte Muskulatur haben.

Der Wettkampf

Ein paar Minuten vor dem Start sucht man sich seine Startposition. Als Wettkampfneuling stellt man sich auf keinen Fall in die vorderen Reihen, sondern in das letzte Drittel, es sei denn, die eigene Leistungsfähigkeit ist so hoch, dass man bei dem Wettkampf ganz vorne landen könnte. Das Starten im hinteren Drittel bewahrt einen auch davor, das Rennen zu schnell zu beginnen.

Ist der Startschuss gefallen, setzt man sich flott, aber nicht überhastet in Bewegung. Versuchen Sie möglichst schnell, Ihren Rhythmus

Lassen Sie sich bei einem Wettkampf keinesfalls zu einem zu hohen Anfangstempo hinreißen! Sie könnten es später bitter bereuen!

und Ihr Tempo zu finden. Lassen Sie sich gerade zu Beginn auf keinen Fall zu einem schnelleren Tempo hinreißen, als es Ihrer Leistungsfähigkeit entspricht, weder von euphorisch anfeuernden Zuschauern noch von anderen Teilnehmern oder Teilnehmerinnen. Kontrollieren Sie Ihre Geschwindigkeit entweder per Pulsuhr oder – beim Laufen und Inlineskaten – auch nach Zeit pro Kilometer. Meist sind die einzelnen Kilometer ausgeschildert.

Achtung: Jede Sekunde, die man auf der ersten Hälfte des Rennens zu schnell unterwegs ist, wird man im letzten Abschnitt doppelt und dreifach zurückgezahlt bekommen! Vergessen Sie nicht, alle 20 Minuten ungefähr 200 Milliliter zu trinken! Je nach Streckenlänge sollte man auch Energie in Form von Essen zuführen. Mehr dazu im Kapitel »Die richtige Ernährung«, Seite 108ff.

Sind Sie gut in das Rennen hineingekommen, genießen Sie die Atmosphäre, genießen Sie, dabei zu sein, und stellen Sie sich vor, wie Sie durch das Ziel kommen! Ist die Ziellinie in absehbare Nähe gekommen, darf man noch einmal beschleunigen und sich von den Zuschauern antreiben lassen! Sie haben es geschafft! Sie sind im Ziel!

Mit etwas »Biss« werden auch Sie bald Ihre erste Finisher-Medaille in Händen halten.

Nach dem Wettkampf ist vor dem Wettkampf

Mit dem Überqueren der Ziellinie ist der Wettkampf zwar beendet, nicht aber der Wettkampftag! Sie haben sich viel abverlangt und sollten sich nun optimal pflegen, um sich schnell wieder zu erholen.

Ziehen Sie sich zunächst etwas über, oder wechseln Sie die Kleidung. Ihr Immunsystem ist in der ersten Stunde nach einer großen Anstrengung angeschlagen, was Sie anfällig gegenüber Krankheitserregern macht. Sofern es der Magen zulässt, empfiehlt es sich, eine Kleinigkeit zu essen und zu trinken. Laut Studien füllt eine Kohlenhydratgabe nicht nur Ihre Energiespeicher schnell wieder auf, sondern unterstützt auch Ihr Immunsystem.

Nach kürzeren Belastungen sollte man sich nach dem Wettkampf noch locker auslaufen oder -fahren. Nach langen Belastungen, wie einem Marathonlauf, ist die Muskulatur meist so ermüdet, dass ein aktives Cool-down wenig Sinn macht oder auch gar nicht mehr möglich ist. Hier wird im Zielbereich meist eine Massage angeboten; nehmen Sie diese unbedingt in Anspruch, lassen Sie sich lockern, entspannen Sie!

Nach diesen »Akutmaßnahmen am Wettkampfort« ist Entspannung zu Hause oder im Hotel angesagt. Sehr zu empfehlen ist ein warmes Bad oder ein Massage- oder Durchblutungsprogramm mit einem EMS-Gerät (siehe Seite 154f.). Kreislaufbelastende Erholungsmaßnahmen, wie Sauna oder Whirlpool, sind am gleichen Tag nicht uneingeschränkt zu empfehlen. Planen Sie diese lieber für einen der kommenden Tage ein, genau wie eine gründliche Dehnsession: Verzichten Sie darauf, Ihre stark ermüdete und teilweise strukturell stark angegriffene Muskulatur noch am Wettkampftag zu dehnen, sondern dehnen Sie ein bis zwei Tage später, dann aber besonders ausgiebig. Das erste Ausdauertraining nach einem Wettkampf absolviert man idealerweise nach ein bis drei Tagen im Wasser als Schwimm- oder Aquajoggingeinheit. Wichtig ist ausreichend Schlaf!

Das Wichtigste nach dem Wettkampf: Analysieren Sie Ihre Leistung: Was war gut, was ist zu verbessern, welche Erfahrungen haben Sie gemacht? Seien Sie ehrlich zu sich, und lernen Sie dazu für den nächsten Wettkampf.

107

Die richtige
Ernährung

Grund- und Leistungsumsatz

Vielleicht haben Sie schon mal eine Bergtour gemacht und Folgendes erlebt: Plötzlich werden die Beine ohne jede Vorwarnung schwer, jeder Schritt wird furchtbar mühsam, während die anderen in der Gruppe munter weiterwandern. Ihrem »Motor« fehlt der richtige »Treibstoff«. Worin aber steckt nun die so dringend und schnell benötigte Energie? Die Gedanken wandern zum schweren Rucksack, in dem der Schokoriegel mit seinem süßen Geschmack und dem zarten Schmelz lockt. Er ist schnell zu greifen und ein wahrer Energieberg. Aber Vorsicht! Entscheidende Erfolgsfaktoren für die persönliche Power sind sowohl Quantität als auch Qualität der Energiezufuhr.

Unser Körper benötigt stetig Energie, um die grundlegenden Funktionen und Stoffwechselvorgänge aufrechtzuerhalten; diesen Energieverbrauch nennt man Grundumsatz. Zusätzlich wird Energie für körperliche Aktivitäten (Arbeit, Sport) aufgewendet; dies nennt man den Leistungsumsatz. Frauen haben einen geringeren Grundumsatz als Männer. Für Erwachsene gilt zudem, dass mit steigendem Alter der Grundumsatz sinkt. Auch der Hormonhaushalt kann den Energieumsatz beeinflussen. So führt eine Überfunktion der Schild-

Der Grundumsatz ist individuell sehr verschieden. Er ist umso höher, je größer die fettfreie Körpermasse ist. Entsprechend steigt mit Körpergröße und Körpergewicht die Höhe des Grundumsatzes.

Grundumsatz						
Alter (in Jahren)	Körpergewicht (in kg)		Grundumsatz (kcal/Tag)		Grundumsatz (Mj/Tag)	
	m	w	m	w	m	w
15 bis unter 19	67	58	1820	1460	7,6	6,1
19 bis unter 25	74	60	1820	1390	7,6	5,8
25 bis unter 51	74	59	1740	1340	7,3	5,6
51 bis unter 65	72	57	1580	1270	6,6	5,3
65 und älter	68	55	1410	1170	5,9	4,9

Quelle: DGE 2000, Seite 35

Energiebedarf		
Sportart	kcal/Min.	kj/Min.
Badminton	6,8	28,5
Fußball	9,2	38,5
Gymnastik	4,6	19,2
Laufen 8 km/h	9,5	41
Laufen 12 km/h	14,6	61,1
Laufen 18 km/h	17,6	73,6
Radfahren 15 km/h	7	29,3
Schwimmen	11,3	47,3
Squash	14,8	61,9
Tanzen	3,6	15,2
Tennis	7,6	31,8
Tischtennis	4,8	20,1
Volleyball	3,5	14,6

Quelle: Wagner/Schupp 1991

drüse zum Anstieg des Energieumsatzes. Die Tabelle auf Seite 109 zeigt den berechneten Grundumsatz in Abhängigkeit von Alter, Gewicht und Geschlecht für Personen mit Referenzkörpergröße und Normalgewicht. Natürlich hängt der Energiebedarf auch von der körperlichen Aktivität ab. Da für jede Bewegung Energie aufgewendet werden muss, steigt mit Dauer und Intensität des Sports der Energiebedarf.

Achtung: In den meisten Fällen wird der Energiebedarf zu hoch eingeschätzt und der Energieumsatz bei sportlicher Aktivität häufig überbewertet. Generell sollte durch regelmäßige Gewichtskontrolle überprüft werden, ob die Energiezufuhr dem persönlichen Energiebedarf entspricht.

Kohlenhydrate, Fette, Proteine

Kohlenhydrate: Als Hauptenergielieferant für Ausdauersportler und -sportlerinnen sollten die Kohlenhydrate dienen. Kohlenhydrate sind aus einzelnen Zuckerbausteinen aufgebaut, werden im Darm zu Einfachzuckern abgebaut und gelangen von dort ins Blut. Hierdurch steigt der Blutzuckerspiegel an, was die Ausschüttung des Hormons Insulin aus der Bauchspeicheldrüse bewirkt. Mit Hilfe des Insulins gelangt der Zucker zusammen mit Kalium in die Zelle, beispielsweise in die Muskel- oder Fettzelle.

Glukose – Traubenzucker – bewirkt eine hohe Insulinausschüttung, dadurch kommt es zur raschen Entfernung des Zuckers aus dem Blut und zum Transport in die Zelle, wo er zur Energiebereitstellung zur Verfügung steht. Im Blut selbst finden wir dann aller-

Je mehr der Körper leistet, desto mehr Energie müssen wir ihm zuführen. Achten Sie als Sportlerin also ganz bewusst auf Ihre Ernährung!

dings schnell wieder eine Unterzuckerung, was insbesondere für das Gehirn ungünstig ist, da dieses für seine Funktion unbedingt Zucker benötigt. Deshalb wäre es grundverkehrt, Traubenzucker als Trainingsverpflegung mitzunehmen. Man bekäme zwar kurzfristig einen Energieschub, fiele jedoch rasch in ein »Zuckertief«. Fruchtzucker hingegen bewirkt diese hohe Insulinausschüttung nicht und ist deshalb günstiger. Ein »Trick« ist die gleichzeitige Aufnahme von Ballaststoffen und Kohlenhydraten. Hierdurch gelangen die Kohlenhydrate langsamer ins Blut, und es kommt nicht zu der zuvor beschriebenen Insulinspitze.

Ballaststoffe sind kalorienlose, unverdauliche Nahrungsbestandteile, die zudem unsere Verdauung regulieren. Wir sollten täglich ungefähr 30 Gramm Ballaststoffe zusammen mit viel Flüssigkeit aufnehmen. Vollkornprodukte, Obst und Gemüse beispielsweise enthalten viele Ballaststoffe.

Tipp: Bei einer lang dauernden Ausdauerbelastung keinesfalls erst essen, wenn man hungrig und müde wird. Nehmen Sie regelmäßig kleine kohlenhydratreiche Snacks zu sich, wie eine Banane, Reistörtchen, Vollkornbrot oder auch einen Energieriegel. Um eine Belastung langfristig aufrechterhalten zu können, sind die akut zugeführten Kohlenhydrate jedoch weniger wichtig als die Kohlenhydratspeicher in Muskulatur und Leber. Je besser gefüllt diese sind, umso länger können wir uns körperlich belasten. Wir müssen also auch unsere Kohlenhydratspeicher trainieren.

Das funktioniert folgendermaßen: Man setzt sich einer langen lockeren Ausdauerbelastung aus, bei der man nichts isst und ausschließlich Wasser trinkt; hierdurch fährt man seine Glykogenvorräte herunter. Unmittelbar nach dem Training – in den ersten 45 Minu-

Gesunde Nahrung für Sportlerinnen: Müsli mit frischem Obst. Als Ausdauersportlerin sollten Ihre Kohlehydratspeicher stets gut gefüllt sein.

ten – führt man die Kohlenhydrate wieder zu. Diese werden nach Belastungsende besonders schnell aufgenommen und gespeichert. Außerdem unterstützt die Kohlenhydratzufuhr das Immunsystem. Da zum Zuckereinbau, wie oben beschrieben, Kalium benötigt

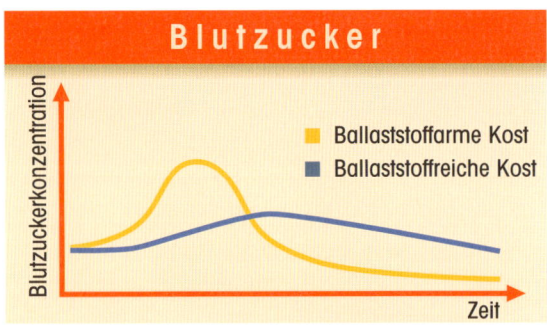

Blutzucker

Blutzuckerkonzentration

■ Ballaststoffarme Kost
■ Ballaststoffreiche Kost

Zeit

wird, eignen sich kalium- und kohlenhydratreiche Nahrungsmittel, wie Bananen, Aprikosen und Orangen, aber auch Müsli, Nudeln, Reis, Kartoffeln, am besten. Diese langen Trainingseinheiten ohne Energiezufuhr sollten allerdings nicht die Regel sein, sondern gezielt (maximal einmal pro Woche) eingesetzt werden. Gerade wenn Sie nach dem Sport nicht sofort zu Hause etwas essen können, sind Energie- und Müslieriegel praktisch. Ein kritischer Blick auf Zutatenliste und Nährstoffangaben zeigt aber, dass die meisten Riegel zu viel Fett enthalten. Wer einen Riegel als schnellen Energieschub zu sich nimmt, sollte auf einen Kohlenhydratanteil von mindestens 50 Prozent achten.

Fette: Für sehr lange Belastungen bei niedriger Intensität sind Fette unersetzlich. Die meisten von uns – auch bei Normalgewicht – haben in den Fettdepots Energie für mehrere tausend Laufkilometer gespeichert. Somit ist eine Zufuhr zur Energiebereitstellung nicht dringlich. Fette erfüllen aber noch andere wichtige Funktionen im Körper: Sie sind wichtig zur Hormonsynthese, zur Aufnahme der fettlöslichen Vitamine, zur Wärmeisolation und schützen unsere inneren Organe vor Stoßbelastungen. Fett ist jedoch nicht gleich Fett! Ziehen Sie pflanzliche Fette den tierischen vor. Sie haben einen höheren Gehalt an den wertvollen mehrfach ungesättigten Fettsäuren. Eine Ausnahme ist fetter Seefisch wie Hering, Makrele oder Lachs; diese Fische sind ebenfalls reich an den mehrfach ungesättigten Fettsäuren und damit empfehlenswerte Fettlieferanten.

Proteine dienen primär nicht der Energiegewinnung, sondern dem Strukturerhalt und der Strukturbildung unseres Körpers. Wir beste-

Reduzieren Sie vor allem die Aufnahme von versteckten Fetten in Wurst, Käse, Kuchen und Schokolade.

hen durchschnittlich zu 20 Prozent aus Eiweiß, insbesondere unsere Muskulatur weist einen hohen Anteil an Proteinen auf. Der Eiweißbestand unterliegt einem ständigen Auf-, Ab- und Umbau. Treiben wir Ausdauersport, ist der Umsatz durch die muskuläre Beanspruchung noch erhöht. Um die Struktur nach der Belastung wieder rasch herzustellen, benötigen wir Eiweiß. Deshalb verbessern eiweißhaltige Nahrungsmittel nach der Belastung die Regeneration. Energie wird aus Proteinen erst nennenswert bei langer Belastung und ungenügender Kohlenhydratzufuhr gewonnen.

Achtung: Im Rahmen einer Gewichtsreduktion kann es zu einer ungenügenden Zufuhr von Proteinen kommen. Der Organismus baut dann körpereigenes Protein, beispielsweise Muskelprotein, ab, um den Eiweißbedarf zu decken. Dies ist ein nicht erwünschter Effekt, weshalb man immer auf eine hochwertige Eiweißzufuhr achten sollte, denn auch Protein ist nicht gleich Protein!

Entscheidend ist hier die biologische Wertigkeit. Sie gibt an, wie viel körpereigenes Protein aus dem zugeführten Nahrungsprotein aufgebaut werden kann. Tierisches Eiweiß besitzt eine höhere biologische Wertigkeit als pflanzliches Eiweiß, da es mehr essenzielle Aminosäuren enthält. Diese können vom Körper nämlich selbst nicht hergestellt werden und müssen deshalb über die Nahrung zugeführt werden. Als sehr günstig hat sich die Kombination tierischer und pflanzlicher Proteine herausgestellt, wie Kartoffeln mit Magerquark oder Ei, Müsli mit Hülsenfrüchten und Milchprodukten.

> ## Reebok
> **Expertentipp**
>
> Nehmen Sie unmittelbar nach sehr langen oder intensiven Belastungen einen Kohlenhydrat-Eiweiß-Snack zu sich. Dies füllt die Glykogenspeicher und unterstützt den Körper bei der Regeneration!

Vitamine, Mineralien, Spurenelemente

Die Regale in Apotheken und Drogeriemärkten sind voll davon, die Werbung verspricht wahre Wunderwirkungen, annähernd jede Leistungssportlerin nimmt sie regelmäßig: Die Rede ist von Nahrungsergänzungsmitteln oder Substituten. Hinter den meisten Präparaten

verbergen sich Vitamine, Mineralien oder Spurenelemente. Damit Sie sich im Dschungel der Präparate besser zurechtfinden und somit besser entscheiden können, ob die Einnahme für Sie persönlich Sinn macht, im Folgenden ein paar wissenswerte Fakten.

Vitamine: Vitamine sind organische Verbindungen, die für die Gesunderhaltung und die Funktionalität des Körpers unverzichtbar sind. Die Vitamine liefern selbst weder Energie noch Material für den Aufbau von Gewebe, dennoch sind sie als Bestandteil von Enzymen an sämtlichen Stoffwechselvorgängen beteiligt. Da wir selbst nur sehr wenige Vitamine bilden können, müssen diese über die Nahrung zugeführt werden. Bei fehlender oder unzureichender Zufuhr kommt es zu bestimmten Mangelsymptomen. Die Vitamine lassen sich in zwei Hauptgruppen unterteilen: in die fettlöslichen und die wasserlöslichen Vitamine.

Da die wasserlöslichen Vitamine über die Nieren ausgeschieden werden, ist eine Überdosierung – im Gegensatz zu den fettlöslichen Vitaminen – kaum möglich.

Die fettlöslichen Vitamine E, D, K, A – »Edeka« – F und Beta-Karotin können nur in Verbindung mit Fett optimal aufgenommen werden. Wer also beispielsweise Möhren isst, um sich mit Beta-Karotin zu versorgen, oder einen Tomatensaft trinkt, um Vitamin A zu sich zu nehmen, sollte gleichzeitig auch etwas Fetthaltiges, wie ein Stück Käse, essen. Die fettlöslichen Vitamine werden in verschiedenen Geweben gespeichert, so dass ein Mangel bei unserer Ernährung selten ist.

Achtung: Die tägliche Einnahme (Substitution) von fettlöslichen Vitaminen kann langfristig zu Vergiftungserscheinungen führen, da es im Gewebe zu einer übermäßigen Anhäufung der Vitamine kommt!

Die wasserlöslichen Vitamine des B-Komplexes, Vitamin C, Folsäure, Pantothensäure, Niazin, Biotin und die Bioflavonoide werden im Körper kaum gespeichert. Ein Zuviel wird über die Nieren ausgeschieden. Wasserlösliche Vitamine sollten in kleinen Portionen über den Tag verteilt aufgenommen werden.

Für die einzelnen Vitamine hat z.B. die Deutsche Gesellschaft für Ernährung (DGE) eine empfohlene Tagesmenge festgelegt. Eine solche Dosisempfehlung ist jedoch nicht ganz unproblematisch, denn sowohl die Aufnahme als auch der Verbrauch an Vitaminen ist viel zu komplex, als dass man diese Vorgänge auf pure Zahlen reduzieren könnte. So schrauben Stress und Krankheiten den Vitaminbedarf per se nach oben. Raucher benötigen mehr Vitamin C, eine zuckerreiche Ernährung zehrt an den Vitamin-B-Vorräten, bei starkem Schwitzen gehen viele wasserlösliche Vitamine verloren, bei einer extrem fettarmen Ernährung können die fettlöslichen Vitamine schlecht aufgenommen werden.

Als wäre dies nicht schon alles kompliziert genug, kommt noch hinzu, dass der natürliche Vitamingehalt, besonders in Obst und Gemüse, je nach Erntezeitpunkt stark schwankt und letztendlich bei der Lagerung und Zubereitung noch einmal ein beträchtlicher Teil an Vitaminen verloren geht. So hat beispielsweise der schon seit Stunden in der Vitrine des Schnellimbisses stehende Salat annähernd keine Vitamine mehr!

Fazit: Von einer ständigen Vitamineinzelgabe sollte abgesehen werden, es sei denn, es treten tatsächliche Mangelerscheinungen auf. Für Ausdauersportlerinnen macht es aber Sinn, während einer Phase vermehrten Trainings auf die so genannten antioxidativen Vitamine A, C und E zurückzugreifen. Diese Vitamine sollen Schutz vor den freien Radikalen bieten. Diese hochreaktiven Teilchen entstehen vermehrt bei Ausdauerbelastungen und können Zellschäden anrichten.

In erster Linie sollte der Vitaminbedarf über eine abwechslungsreiche Ernährung, die reich an Frischprodukten ist, gedeckt werden. Empfehlenswert sind mindestens fünf Portionen Obst oder Gemüse pro Tag. In Phasen erhöhter körperlicher oder geistiger Aktivität kann im Bedarfsfall ergänzend auf Multivitaminpräparate zurückgegriffen werden.

Mineralien und Spurenelemente: Unser Körper benötigt mehr als 20 verschiedene Mineralstoffe. Da unser Organismus keinen dieser Stoffe selbst herstellen kann, ist er auf eine ausreichende Zufuhr von

Es macht keinen Sinn, einzelne Vitamine isoliert zu sich zu nehmen, da alle Vitamine in Wechselwirkung zueinander stehen. Eine Kette ist nur so stark wie ihr schwächstes Glied!

außen angewiesen! Mineralstoffe sind extrem wichtig für den Aufbau von Knochen und Zähnen, erhalten die elektrische Stabilität der Zellhüllen, aktivieren bestimmte Enzyme, bilden in Körperflüssigkeiten elektrisch geladene Teilchen, die Elektrolyte, bzw. Ionen und sind nicht zuletzt für die Funktion des Nervensystems und zur Auslösung von Muskelkontraktionen unerlässlich! Mineralstoffe gehen während körperlicher Belastung vermehrt über den Schweiß verloren.

Man unterscheidet bei den Mineralstoffen zwischen den Makromineralien, von denen mehr als 100 Milligramm pro Tag, und den Spurenelementen, von denen täglich nur wenige Milli- oder Mikrogramm benötigt werden. Zu den Makromineralien gehören Kalzium, Natrium, Kalium, Phosphor, Chlor und Magnesium. Wegen ihrer Wichtigkeit für den Knochenaufbau – so ist Kalzium zu 99 Prozent in Knochen und Zähnen gespeichert – sollten Frauen, nicht zuletzt wegen der erhöhten Osteoporosegefahr nach den Wechseljahren, stets auf eine ausreichende Zufuhr achten!

Obwohl **Kalzium** ausreichend in unserer Nahrung vorkommt, kann es dennoch zu einer Unterversorgung kommen, da viele begehrte Genussmittel, wie etwa Kaffee und Schokolade, die Kalziumaufnahme behindern. Gute natürliche Kalziumquellen sind Milchprodukte, Obst, Gemüse und Vollkornprodukte. Die ständige medikamentöse Einnahme von Kalzium birgt die Gefahr, den Mineralhaushalt in Ungleichgewicht zu bringen, deshalb sollte die Gabe nur für eine gewisse Zeit und unregelmäßig erfolgen.

Muskelkrämpfe werden oft direkt mit einem **Magnesiummangel** in Verbindung gebracht. Studien belegen aber, dass Muskelkrämpfe in wesentlich geringerem Umfang als angenommen aufgrund eines solchen Mangels entstehen! Bei Muskelkrämpfen, speziell Wadenkrämpfen, liegt in vielen Fällen eine Überlastung und/oder ein Wassermangel vor.

Ein echter Magnesiummangel kann entstehen, wenn die Nahrung zu wenig Magnesium enthält. Bedeutende Magnesiumlieferanten

Tipp: Wer zeitweise mit leichten Allergien zu kämpfen hat, wie einer Sonnenallergie bei den ersten Sonnenstrahlen im Jahr, kann hier mit einer kurzzeitig hoch dosierten Kalziumgabe entgegenwirken, da Kalzium zellstabilisierend wirkt.

sind Nüsse, Obst, Gemüse und Vollkornprodukte. Zwar hemmt ein hoher Phytin-
säuregehalt, wie er z.B. in Vollkornpro-
dukten und Hülsenfrüchten vorliegt, die
Aufnahme von Magnesium, aber die Menge
des resorbierten Magnesiums ist immer
noch beträchtlich.

Magnesiummangel kann auch durch eine
verminderte Resorption im Darm entstehen. Bestimmte entzündliche Magen-Darm-
Erkrankungen hemmen die Aufnahme,
ebenso wie bestimmte Medikamente (z.B.
Abführmittel – fragen Sie im Zweifelsfall
Ihren Arzt oder Apotheker) und eine fett-
und eiweißreiche Nahrung.

Schließlich könnte auch eine erhöhte
Magnesiumausscheidung Ursache für den
Mangel sein. Über eine erhöhte Urinpro-
duktion geht immer auch Magnesium verloren. Eine solch erhöhte
Produktion kann verursacht sein durch:

- Alkohol, auch eine mäßige, aber regelmäßige Zufuhr!
- Körperlichen und/oder psychischen Stress, der zum Anstieg
  der Stresshormone Adrenalin und Noradrenalin führt, wodurch
  Magnesium aus dem Gewebe gelöst und vermehrt ausgeschieden wird.
- Häufiges Training bei hohen Laktatwerten: Die Milchsäure führt
  dabei zu einer Ansäuerung des Blutserums, was schließlich dann
  auch zu einer Mehrausscheidung von Magnesium über die Nieren führt.
- Diabetes mellitus (Zuckerkrankheit), wenn der Patient schlecht
  eingestellt ist, kann ebenfalls zu einer Ansäuerung des Blutserums führen und damit schließlich einen Magnesiummangel nach
  sich ziehen.

*Auch wenn man noch
so gerne Kaffee trinkt –
als Sportlerin sollte man
sich dabei zurückhalten,
denn Kaffee hemmt die
Aufnahme wichtigen
Kalziums, des Haupt-
baustoffs der Knochen.*

- Verlust über den Schweiß: Dieser ist individuell unterschiedlich. Bewiesen ist, dass die Elektrolytkonzentration im Schweiß mit Verbesserung des Trainingszustandes abnimmt, also weniger Magnesium über den Schweiß verloren geht!

Da ein Magnesiummangel meist mit anderen Mineralstoffmangelzuständen kombiniert ist, sind die Symptome unspezifisch. Oft kann man Schlaflosigkeit, nervöse Unruhe, nächtliche Wadenkrämpfe, eine depressive Stimmungslage, EKG-Veränderungen und eine Herabsetzung der geistigen und körperlichen Leistungsfähigkeit beobachten. Da man davon ausgehen kann, dass Ausdauersportlerinnen bis zu 1000 Milligramm Magnesium pro Tag benötigen, ist eine Substitution, insbesondere bei hohem Schweißverlust gerade im Sommer, durchaus sinnvoll. Da Magnesium, neben Kalzium und Phosphor, für den Knochenaufbau unerlässlich ist, sollten gerade Frauen wegen der Neigung zur Osteoporose, besonders bei hohem Flüssigkeitsverlust über den Schweiß, Magnesium zusätzlich zuführen, sofern kein Nierenschaden vorliegt. Der Körper kann das Magnesium nur optimal als Bestandteil eines Kalzium-Magnesium-Komplexes verwerten. Erkundigen Sie sich in der Apotheke nach einem geeigneten Präparat. Es empfiehlt sich außerdem, das Magnesium in mehreren Dosen über den Tag verteilt zu nehmen.

Kalium ist u. a. für die Muskelkontraktion – die Verkürzung des Muskels während seiner Arbeit – und für die Umwandlung der Kohlenhydrate in Muskel- und Leberglykogen, also ihre Speicherform, notwendig. Gute Kaliumquellen sind Bananen, Äpfel, Aprikosen, Rosinen, Datteln, Tomaten, Kartoffeln, Nüsse und Vollkornprodukte. Eine übermäßige Zufuhr von Natrium, z. B. durch den großzügigen Gebrauch von Kochsalz, kann ebenso ein Kaliumdefizit herbeiführen wie regelmäßiger Alkohol-, Kaffee- und Haushaltszuckerkonsum. Bevor man nun aber auf die Idee kommt, seine Nahrung mit Kaliumpräparaten zu unterstützen, sollte unbedingt erst die Zufuhr oben genannter »Kaliumräuber« eingeschränkt werden, da

Achtung: Ein Zuviel an Magnesium kann zu Durchfall, Völlegefühl und Übelkeit führen. Trinken Sie deshalb kein magnesiumangereichertes Getränk unmittelbar vor oder während des Sports, sondern immer erst hinterher!

eine übermäßige Kaliumgabe u. a. zu gefährlichen Herzrhythmusstörungen führen kann.

Natrium ist im Wechselspiel mit Kalium an der Muskelkontraktion beteiligt. Bei unserer salzreichen Kost hat ein Natriummangel Seltenheitswert. Da ca. 1200 Milligramm Natrium pro Liter Schweiß verloren gehen, macht eine zusätzliche Natriumgabe durchaus Sinn, wenn Sie eine extrem lange, schweißtreibende Sporteinheit, beispielsweise einen Langtriathlon bei Hitze, absolvieren.

Spurenelemente benötigen wir zwar nur in kleinsten Mengen, dies tut ihrer Wichtigkeit aber keinen Abbruch, zumal der Körper diese nicht selbst herstellen kann, also auch hier von einer Zufuhr von außen abhängig ist. Interessant ist, dass die Wirkungsweise vieler Spurenelemente noch nicht genau erforscht ist. Hier wird es in den kommenden Jahren vielleicht die eine oder andere spannende Entdeckung geben! Im Folgenden finden Sie Informationen zu ein paar speziell für uns Frauen wichtigen Spurenelementen.

Eisen: Schleichend rückgängiges Leistungsvermögen, zunehmende Müdigkeit, Infektanfälligkeit, Gereiztheit, hoher Puls, Kurzatmigkeit, eingerissene Mundwinkel und eine blasse Gesichtsfarbe können auf einen fortgeschrittenen Eisenmangel hinweisen. Die Betonung liegt hier auf »können«, denn solche unspezifischen Allgemeinsymptome treten bei einer Vielzahl von Gesundheitsstörungen auf. Bei Ausdauersportlerinnen verbirgt sich zudem nicht selten eine relative Überlastung hinter diesen Symptomen. Eine solche Überbelastung wird meist hervorgerufen durch die Trainingsbelastung in Kombination mit Stress beruflicher, privater und/oder sportlicher Natur, wie (selbst auferlegtem) Leistungsdruck, aber auch permanent zu wenig

Hinter Kopfschmerzen kann sich auch ein Mineralien- und Flüssigkeitsmangel verbergen.

Schlaf, eine unausgewogene Ernährung, falsche Wettkampfplanung oder eine ungenügende Regeneration können überlastend wirken.

Bei Auftreten der genannten Symptome sollte zunächst das Training zurückgeschraubt und die Regeneration forciert werden. Bessert sich das Befinden durch diese Maßnahmen nicht wesentlich, sollte ein Arzt aufgesucht werden, da sich natürlich auch stets eine Erkrankung hinter dem schlechten Befinden verbergen kann. Dieser wird u. a. ein Blutbild erstellen, anhand dessen sich auch ein Eisenmangel diagnostizieren lässt. Sollte tatsächlich ein Eisenmangel festgestellt werden, ist unbedingt nach den möglichen Ursachen zu suchen! Infrage kommen u. a.:

- Chronische Blutungen im Bereich des Magen-Darm-Traktes
- Gesteigerter Eisenbedarf beim Sport wegen des zusätzlichen Verlusts über den Schweiß
- Ungenügende Zufuhr von Eisen: Dieses Phänomen findet man oft in Verbindung mit einseitiger oder vegetarischer Kost
- Frauen sind durch den monatlichen zusätzlichen Blutverlust besonders gefährdet.

Achtung: Eine permanente vorsorgliche Einnahme von Eisentabletten schwächt nicht nur das Immunsystem, sondern kann zu gefährlichen Ablagerungen des überschüssigen Eisens in Leber und Herzmuskel führen!

Neben dem Ausschalten der Ursachen, sofern möglich, empfiehlt sich therapeutisch eine »Eisenkur«, bei der ein Eisenpräparat (zweiwertiges Eisen, wie ferrosanol duodenal) über einen längeren Zeitraum, beispielsweise drei Monate, eingenommen wird. Hierdurch soll nicht nur das rote Blutbild normalisiert, sondern auch der Eisenspeicher wieder aufgefüllt werden. Aus Gründen der besseren Verträglichkeit und einer annäherungsweise optimalen Aufnahme sollte das Eisenpräparat abends, am besten vor dem Schlafengehen, in Kombination mit Vitamin C eingenommen werden, z. B. mit einem Glas Orangensaft. Da die Eisenaufnahme durch bestimmte Nahrungsmittel, wie Kaffee, Tee, Milchprodukte und zellulosehaltige Lebensmittel wie Müsli, behindert wird, sollte die Einnahme mit einem Abstand von mindestens zwei Stunden zur nächsten Mahlzeit erfolgen.

Begleitend und insbesondere nach der »Eisenkur« sollte auf eine eisenreiche Ernährung geachtet werden. Gute Eisenquellen sind rotes Fleisch, Fisch, grünes Gemüse, Vollkornprodukte, Hirse, wobei pflanzliches Eisen deutlich schlechter aufgenommen wird als tierisches. Darüber hinaus enthält Fleisch im Gegensatz zu pflanzlichen Produkten auch noch Vitamin B12, das für die Bildung der roten Blutkörperchen unbedingt notwendig ist.

Fazit: Da sich die Behandlung eines manifesten Eisenmangels lange hinzieht, Frauen wegen der monatlichen Blutung und oft eisenarmen Ernährung besonders gefährdet sind, sollten Ausdauersport treibende Frauen, in Absprache mit einem Arzt, ein- bis zweimal im Jahr für ein paar Wochen Eisen substituieren.

Zink spielt im Stoffwechsel, beim Zellwachstum, bei der Verdauung, der Hormonproduktion und vielem mehr eine bedeutende Rolle. Deutsche Frauen sind im Allgemeinen mit Zink unterversorgt. Zink kommt vor allem in Meeresfrüchten, Austern, Fisch, aber auch Eigelb, Fleisch und Käse vor. Es ist an der Kollagenbildung beteiligt und hilft so, das Gewebe zu straffen! Achtung: Zink wirkt in einer Dosierung ab 500 Milligramm giftig!

Jod: Unser Körper benötigt Jod zur Herstellung der beiden jodhaltigen Schilddrüsenhormone T3 und T4. Diese Hormone regeln den Kohlenhydrat-, Eiweiß- und Fettstoffwechsel. Insbesondere T3 bewirkt die Verbrennung von Körperfett. Ein Jodmangel führt langfristig zu einem »Kropf« und einer Schilddrüsenunterfunktion. Hieraus resultieren Antriebslosigkeit, Gewichtszunahme und andere Stoffwechselstörungen.

Jod geht über den Schweiß verloren und wird insbesondere über Fisch aufgenommen, weshalb Ausdauersportlerinnen im Süden Deutschlands für einen Jodmangel besonders prädestiniert sind! Ich empfehle (nicht nur Sportlerinnen) unbedingt, jodiertes Speisesalz zu verwenden. In der Schwangerschaft ist der Jodbedarf zusätzlich erhöht, weshalb hier ergänzend ein verschreibungspflichtiges Jodpräparat eingenommen werden sollte.

Ein Zinkmangel kann zu Haarausfall, zur Schwächung des Immunsystems, zu Hautschäden und verminderter Wundheilung führen.

Nahrungsergänzungsmittel – braucht man die?

Neben den oben beschriebenen Vitaminen und Mineralien werden noch eine Vielzahl von weiteren Nahrungsergänzungsmitteln angeboten. Hier einen kompletten Überblick geben zu wollen, würde den Umfang dieses Buches sprengen; deshalb nur ein paar Sätze zu zwei interessanten Präparaten.

Wichtig: Carnithin setzt selbst nicht, wie uns die Werbung manchmal weismachen möchte, Fettsäuren frei, noch verbrennt es diese!

»Fatburner« L-Carnithin: Seit ein paar Jahren nehmen L-Carnithin-Präparate insbesondere im Ausdauersport u. a. als so genannte Fatburner einen festen Platz ein. Entdeckt wurde die aminosäureähnliche Substanz allerdings schon 1905 von einem russischen Wissenschaftler, und zwar in tierischen Muskelzellen. Der Name kommt aus dem Lateinischen: carnis = Fleisch. Einen Teil des Carnithinbedarfs deckt der menschliche Körper über seine Eigenproduktion in Leber und Niere, weiteres Carnithin wird hauptsächlich über eine fleischhaltige Nahrung aufgenommen. In pflanzlicher Nahrung kommt Carnithin kaum oder gar nicht vor.

Es dient als Transportmolekül für die langkettigen Fettsäuren aus dem Blut in die Mitochondrien, die so genannten Kraftwerke der Zelle, wo die Fettsäuren zu Energie umgewandelt werden.

Darüber hinaus wirkt es als zelleigene »Reinigungssubstanz« und schleust Abfallprodukte aus den Mitochondrien wieder hinaus. Außerdem wurde ein membranstabilisierender Effekt nachgewiesen, der körperlichen Stressschäden entgegenwirkt und das Immunsystem stärkt.

Zweifellos wirkt Carnithin also positiv auf unseren Körper ein, ob die Einnahme von Carnithin-Zusatzpräparaten allerdings einen leistungssteigernden Effekt hat, wird in verschiedenen wissenschaftlichen Studien kontrovers diskutiert. Auch Erfahrungsberichte fallen sehr unterschiedlich aus: Die einen beschrieben das Präparat als »total wirkungslos«, andere sprachen von einer deutlich verringerten

Anfälligkeit gegenüber Infekten und Verletzungen, wieder andere von einer höheren Leistungsfähigkeit. Da ein Zuviel an Carnithin über den Urin ausgeschieden wird, sind selbst bei (zu) hohen Dosierungen nach aktuellem Wissensstand keine Nebenwirkungen zu erwarten. Empfohlen wird die kurmäßige Einnahme über vier bis acht Wochen, beispielsweise im Rahmen eines umfangreichen lockeren Ausdauertrainings. Eine langfristige Einnahme birgt die Gefahr, die körpereigene Produktion zu sehr zu drosseln.

Die beste Möglichkeit, seine Fettverbrennung anzukurbeln, bleibt immer noch ein effektives Training: Absolvieren Sie regelmäßig längere Ausdauereinheiten überwiegend im aeroben Bereich, und verzichten Sie zwei bis drei Stunden vor dem Ausdauertraining auf eine Kohlenhydratzufuhr, da die Muskelzellen sonst zunächst verstärkt auf diese leicht zugängliche Energie zurückgreifen und erst später an die Fettreserven gehen.

Die L-Carnithin-Präparate sind ziemlich teuer und schon deshalb nicht zur regelmäßigen Einnahme zu empfehlen.

Wundermittel MCT? MCT ist die englische Abkürzung für medium chain triglycerides. Diese mittelkettigen Fettsäuren kommen in der

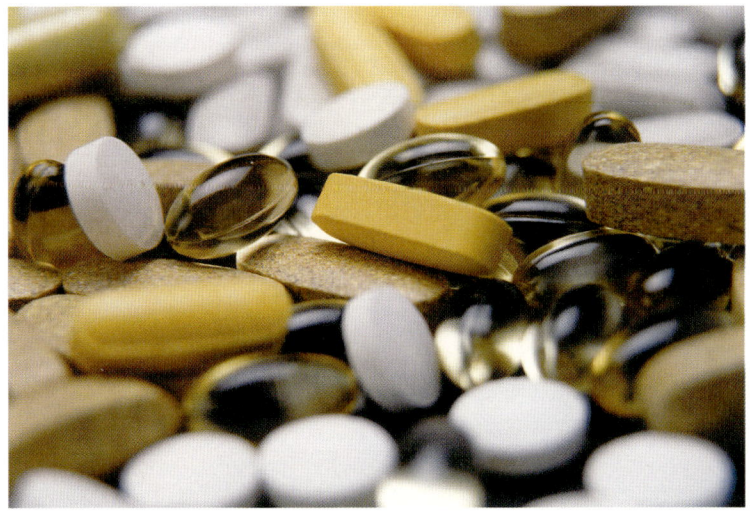

Teure Pillen: Seien Sie kritisch! Nicht alles, was von der Pharmaindustrie angeboten wird, macht auch Sinn. Teilweise tun Sie mit dem Kauf nur dem Hersteller etwas Gutes – nicht aber Ihrer Gesundheit.

täglichen Nahrung so gut wie nicht vor, sondern sie werden durch ein spezielles Verfahren, beispielsweise aus Kokusnussöl, gewonnen. Im Gegensatz zu den gewöhnlichen langkettigen Nahrungsfetten, die erst einen mehrstündigen komplizierten Verdauungsvorgang durchlaufen müssen, bevor sie uns als Energieträger zur Verfügung stehen, können die MCTs aufgrund ihrer Molekülstruktur nach ihrer Lösung in freie mittelkettige Fettsäuren und Glyzerol im Dünndarm rasch aufgenommen werden. Sie können alle Zellhüllen ohne Transporthilfen – wie Carnithin-Carrier für Fette oder Insulin für Zucker – passieren, wodurch sie schnell in die Mitochondrien, die »Kraftwerke« des Körpers, gelangen. Dort werden sie zu Energie verbrannt.

Eine Weltneuheit sind die MCTs allerdings nicht. Bereits seit den fünfziger Jahren werden sie in Krankenhäusern im Rahmen von speziellen Ernährungsprogrammen eingesetzt. Im Sport findet man sie u. a. in Bodybuilderkreisen bereits seit zehn Jahren. Im Ausdauerbereich ist diese Energiequelle jedoch noch wenig verbreitet.

Wie wirken MCTs? Bereits wenige Minuten nach Einnahme soll die Energie für mehrere Stunden gleichmäßig zur Verfügung stehen, im Gegensatz zu der eher kurz anhaltenden Wirkung nach einer Kohlenhydratgabe. Durch die Aufnahme von MCTs werden die Kohlenhydratspeicher (Glykogenvorräte) geschont und einem Aminosäureabbau entgegengewirkt, dadurch die Strukturproteine (z. B. die Muskulatur) nicht angegriffen und eine schnellere Erholung gewährleistet.

Der Wermutstropfen bei der Sache ist, dass es individuell zu Unverträglichkeitsreaktionen wie Durchfall, Bauchschmerzen, Übelkeit und Erbrechen kommen kann (laut einem Hersteller vertragen ca. zehn Prozent der Athleten das Produkt nicht), insbesondere bei Einnahme während eines Wettkampfes. Bei Diabetikern kann es bei Einnahme von MTCs zu einer Verschlechterung der Stoffwechsellage kommen. Außerdem wird die Aufnahme der fettlöslichen Vitamine A, D, E und K beim Verzehr großer Mengen MCTs verschlechtert.

Hinterfragen Sie alle Nahrungsergänzungsmittel kritisch nach individuellem Nutzen und Schaden, und schenken Sie nicht jeder Werbung bedingungslos Glauben!

Und zu einem kulinarischen Highlight wird dieses Öl sicher auch nicht werden! Insgesamt werden die MCTs also nur etwas für sehr ambitionierte und experimentierfreudige Sportlerinnen mit unempfindlichem Magen sein.

Ohne Flüssigkeit läuft nichts

Jeder Erwachsene benötigt auch ohne sportliche Betätigung täglich ein Minimum von 1,5 Liter Flüssigkeitszufuhr. Diese wird zur Ausscheidung harnpflichtiger Substanzen, aber auch zur Anfeuchtung der Atemluft und zum Ausgleich der Verdunstung über die Haut benötigt. Eine besonders wichtige Funktion des Wassers ist die Regulierung der Körpertemperatur. Durch das Schwitzen wird der Körper vor einer lebensgefährlichen Überhitzung geschützt.

Achten Sie auf eine regelmäßige Flüssigkeitszufuhr – nicht nur während des Sports!

Der zusätzliche Flüssigkeitsverlust beim Sport über den Schweiß ist umso größer, je höher das Körpergewicht, je größer die Anstrengung und je heißer die Außentemperatur ist. Achtung: Bereits ein Flüssigkeitsverlust von nur zwei Prozent des Körpergewichts, der durchaus ohne Durstgefühl auftreten kann, vermindert die Leistungsfähigkeit schon erheblich. Die Fließeigenschaften des Bluts verschlechtern sich, so dass die Versorgung von Muskulatur und Organen mit Sauerstoff und Nährstoffen eingeschränkt wird. Als Folgen des Flüssigkeitsverlusts können Schwäche, Schwindelgefühl, Übelkeit, Muskelkrämpfe, Kopfschmerzen bis hin zur Bewusstlosigkeit auftreten.

125

Das optimale Sportgetränk

Bei sportlichen Aktivitäten bis zu einer Stunde muss man die verlorene Flüssigkeit nicht zwingend schon während des Trainings ersetzen. Dauert die Ausdauereinheit jedoch länger, sollten Sie alle 20 Minuten etwa 200 Milliliter Flüssigkeit zu sich nehmen. Unbedingt sollte mit dem Trinken begonnen werden, bevor das Durstgefühl kommt, um einen frühen Flüssigkeitsmangel zu vermeiden. Gut geeignet sind isotonische Getränke – sie haben die gleiche Teilchenkonzentration wie das Blut – oder hypotone Getränke – sie haben eine geringere Teilchenkonzentration als das Blut. Neben der Flüssigkeit sollten bei längerer Belastung auch Kohlenhydrate zugeführt werden, um den Blutzuckerspiegel möglichst konstant zu halten. Natürlich können Sie diese, wie zuvor beschrieben, auch in fester Form zu sich nehmen. Bei Hitze und größeren Anstrengungen ist die flüssige Form jedoch besser bekömmlich.

Ein optimales Sportgetränk weist einen Kohlenhydratgehalt von sechs bis sieben Prozent auf. Fruchtsaftschorlen, wie z. B. Apfelsaftschorle, enthalten zwar einen günstigen Kohlenhydratanteil, aber durch die Fruchtsäuren wird die Magenentleerung nicht gefördert, so dass die Flüssigkeit und die Kohlenhydrate nicht ganz so schnell aufgenommen werden können. Limonaden, unverdünnte Säfte und auch einige Sport- oder Lifestylegetränke enthalten viel Zucker. Werden sie unverdünnt getrunken, muss der Körper erst Wasser zur Verdünnung in den Darm abgeben. Hierdurch kommt es für den Körper sogar zunächst zu einem Wasserverlust. Dies ist natürlich ungünstig, weshalb diese Getränke nicht während einer Ausdauerbelastung getrunken werden sollten.

Verliert der Körper Flüssigkeit, beispielsweise über den Schweiß, gehen damit automatisch auch Elektrolyte wie Natrium, Kalium und Magnesium verloren. Der Verlust an Natrium ist um ein Vielfaches höher als der anderer Elektrolyte. Ein Natriummangel kann sich in Krämpfen und Muskelsteifigkeit äußern. Während einer Belastung

Reebok
Expertentipp

Trinken Sie, bevor das Durstgefühl auftritt. Empfehlenswert sind mindestens 1,5 Liter Wasser, Mineralwasser oder Fruchtsaftschorlen im Verhältnis 1:3. Trinken Sie langsam, regelmäßig und nicht mehr als 0,2 Liter in 20 Minuten.

sollte deshalb auf ein natriumreiches Mineralwasser, ein geeignetes Sportgetränk oder ein mit einer Prise Kochsalz versetztes selbst hergestelltes Sportgetränk zurückgegriffen werden.

Für Ihre Trainingsausdauereinheiten stellt Wasser, oder Saftschorle im Verhältnis 1 Teil Saft : 2 Teile Wasser, eine praktische und sehr erfrischende Flüssigkeits- und Mineralienquelle dar. Bevorzugen Sie stilles Wasser! Die meisten Sportler und Sportlerinnen empfinden dies als deutlich angenehmer während des Sports. Falls Sie auf die Idee kommen, Ihre Radflasche mit kohlensäurehaltigem Wasser zu befüllen, wird sich diese über kurz oder lang mit einem großen Knall selbst entleeren. Bei sehr langen Trainingsbelastungen und längeren Wettkämpfen sind spezielle Sportgetränke sinnvoll. Bei der Wahl Ihres Sportgetränks sollte immer die individuelle Verträglichkeit und auch der Geschmack berücksichtigt werden, denn viel wichtiger als eine optimale Zusammensetzung ist, dass überhaupt ausreichend getrunken wird.

Achtung bei Wettkämpfen: Ab einer gewissen Menge steht Koffein auf der Dopingliste. Wann der kritische Spiegel erreicht ist, ist sehr unterschiedlich: je nach Stoffwechsel und Körpergewicht können schon zwei Tassen Kaffee ausreichen.

Energydrinks – Sinn oder Unsinn?

Unter dem Begriff »Energydrinks« werden koffeinhaltige Getränke zusammengefasst. Koffein hat eine belebende Wirkung und dosisabhängig eine leistungssteigernde Wirkung auf den Körper. Für uns Ausdauersportlerinnen hat Koffein den Nachteil, dass es die Flüssigkeitsausscheidung fördert, also wichtige Flüssigkeit und Mineralstoffe »raubt«. Meist enthalten die Getränke neben viel Zucker noch weitere, teilweise dubiose Stoffe. Sollte das eine oder andere Getränk dieser Art in Ihrem Alltag Einzug gefunden haben – z. B. als »Wachhalter« auf langen Autofahrten –, so ist dagegen nicht unbedingt etwas einzuwenden, aber bitte vergessen Sie diese Art von Getränken als Sportgetränk! Achtung an alle Wettkampfsportlerinnen: Ab einer gewissen Menge steht Koffein auf der Dopingliste! Wann der kritische Spiegel erreicht ist, ist sehr unterschiedlich; je nach Stoffwechsel und Körpergewicht reichen aber schon zwei Tassen Kaffee aus.

Ausdauersport
und seine Folgen

Gesundheitsschäden durch Ausdauersport?

Sollten Sie Gefallen am Wettkampfsport gefunden haben und deshalb Ihr Trainingspensum immer weiter steigern wollen, um beim nächsten Wettkampf noch erfolgreicher zu sein, oder sollten Sie gar vorhaben, Ihre Sportart semiprofessionell oder professionell zu betreiben, sollten Sie wissen, dass Ausdauersport auf Dauer zu Veränderungen im Hormonhaushalt führen kann. Diese Veränderungen sind zunächst nicht als krankhaft zu bezeichnen, sondern es handelt sich hierbei um die biochemische Anpassung des Körpers an die von ihm geforderte Belastung. Es soll allerdings nicht verschwiegen werden, dass es Konstellationen gibt, bei denen es ab einem gewissen Trainingspensum und individueller Disposition tatsächlich zu relevanten Gesundheitsschäden kommen kann.

Menstruation und Osteoporose

Es gibt viele wissenschaftliche Studien, die belegen, dass es mit zunehmendem Ausdauertraining zu Unregelmäßigkeiten bis Ausbleiben der Menstruation kommt. Auslöser dieser Veränderung ist jedoch nicht das Training allein, sondern erst die Addition von folgenden Faktoren:

- Ausdauertraining ab einem Umfang von ungefähr zehn Stunden pro Woche
- Art des Ausdauertrainings: Läuferinnen neigen eher als Radfahrerinnen zu hormonellen Störungen
- Starke Gewichtsabnahme und/oder niedriger Körperfettanteil, wobei der kritische Fettanteil bei etwa 22 Prozent liegt
- Psychologische Faktoren, wie Alltags-, Beziehungs- oder Wettkampfstress
- Vegetarische Ernährung.

Untersuchungen an Nomadenvölkern zeigten, dass die Frauen, die auf Wanderschaft waren, eine ähnliche hormonelle Konstellation aufwiesen wie Ausdauersportlerinnen.

129

Man geht davon aus, dass das Ausbleiben der Blutung ursprünglich ein natürlicher Regelmechanismus war, der Frauen in Zeiten, in denen sie ihre Energie für sich selbst benötigten, vor einer Schwangerschaft schützen sollte. Sofern das Ausbleiben oder die Unregelmäßigkeit der Blutung nur vorübergehend ist, scheint es weder auf Fruchtbarkeit noch Knochendichte gravierende Auswirkungen zu geben. Das Problem bei exzessiv betriebenem Ausdauersport, wie von Leistungssportlerinnen teilweise praktiziert, oder bei bestimmter genetischer Veranlagung auch schon bei geringeren Belastungen, besteht darin, dass die menstruationsfreien Phasen oft Jahre bis Jahrzehnte andauern.

Milch ist ein wichtiger Kalziumlieferant. Eine kalziumreiche Ernährung ist besonders bei Frauen mit Zyklusstörungen wichtig.

Unter diesen Umständen kommt es fast obligatorisch zu einer gefährlichen Abnahme der Knochendichte mit Gefahr von Ermüdungsbrüchen und Osteoporose. Eine niedrige Kalziumaufnahme verstärkt die Problematik noch, da Kalzium der wichtigste Bestandteil des Knochens ist. Für Ausdauersport treibende Frauen – egal ob mit oder ohne Zyklusstörungen – ist es daher grundsätzlich sinnvoll, auf eine kalziumhaltige Ernährung zu achten oder dieses Mineral –

am besten in Kombination mit Magnesium (siehe auch Kapitel »Die richtige Ernährung«, Seite 108ff.) – zu substituieren. Wird begleitend zum Ausdauertraining ein leichtes dynamisches Krafttraining durchgeführt, vermindert dies ebenfalls das Risiko der Abnahme der Knochendichte.

Auf der anderen Seite erhöht ein regelmäßiges Ausdauertraining, insbesondere in Sportarten, in denen das eigene Körpergewicht getragen werden muss, durch mechanische Belastung der Knochen die Knochendichte, allerdings nicht gleichmäßig am gesamten Skelett, sondern lediglich regional in den Belastungszonen, bei

Läuferinnen beispielsweise im Oberschenkelknochen. Der niedrige Östrogenspiegel, der mitverantwortlich für die Zyklusstörungen und die Abnahme der Knochendichte ist, hat auch einen ausgesprochen positiven gesundheitlichen Aspekt: Das Krebsrisiko bei ausdauertrainierten Frauen ist laut wissenschaftlichen Untersuchungen deutlich geringer.

Kinderlos durch Ausdauertraining?

Im Gegensatz zur Tatsache, dass es bei einem langen Ausbleiben der Blutung bzw. den zugrunde liegenden hormonellen Veränderungen zu einer Verminderung der Knochendichte kommt, ist bislang nicht bewiesen, dass es einen biochemischen Zusammenhang zwischen Ausdauertraining und ungewollter Kinderlosigkeit gibt.

Die Weltklasseläuferin Ingrid Kristiansen (Bestzeit 2:22 Stunden) wurde sogar bei einem wöchentlichen Laufpensum von 180 Kilometern pro Woche schwanger und bestritt noch vier bis fünf Monate nach Eintritt der Schwangerschaft Wettkämpfe auf Weltklasseniveau – übrigens ohne zu wissen, dass sie schwanger war, denn Blutungsunregelmäßigkeit war sie seit Jahren gewohnt. Ingrid Kristiansen ist sicher ein Extremfall, zeigt aber, dass sich selbst maximale Trainingsumfänge und eine Schwangerschaft nicht grundsätzlich ausschließen.

Sollten Sie als Ausdauersportlerin Zyklusstörungen haben und einen bislang unerfüllten Kinderwunsch hegen, empfehle ich Ihnen Folgendes:

- Reduzieren Sie Ihr Ausdauertraining, und ersetzen Sie es teilweise durch ein allgemeines Fitnesstraining mit Kräftigungs- und Dehnübungen, bis Ihr normaler Zyklus wieder eintritt.
- Achten Sie auf eine ausgewogene und ausreichende Nahrungszufuhr.
- Reduzieren Sie negativen Stress und Überforderung!

Die Fehlgeburtsrate bei Ausdauersportlerinnen ist nicht höher als bei sportlich inaktiven Frauen, allerdings bringen sie oft etwas kleinere und leichtere Kinder zur Welt.

Dieser letzte Punkt ist meines Erachtens der wichtigste. Stress, sei es dass es um beruflichen, eigens auferlegten sportlichen Druck oder auch die – von außen herangetragene oder eigene – Erwartung, endlich schwanger zu werden, geht. Dieser Druck führt zu einer erhöhten Stresshormonausschüttung. Für eine Schwangerschaft benötigt die Frau jedoch Ruhe und Kraft, so dass die Natur eine »stressgeplagte« Frau vielfach vor der zusätzlichen Belastung einer Schwangerschaft schützt.

Sex und Ausdauersport

Ein sportlicher Körper übt einen gewissen Sexappeal aus. Die Werbung hat dies längst erkannt: Auf Plakatwänden und in Fernsehspots tummeln sich »Astralkörper«, die Begehren schüren wollen, nach dem dargestellten Modell, nach einem solchen Körper und letztendlich nach dem beworbenen Produkt. Aber führt ein trainierter Körper wirklich zu befriedigender Sexualität, oder ist alles mehr »Schein als Sein«? Es gibt verschiedene wissenschaftliche Studien zu diesem Thema.

Bei einer recht aussagekräftigen großen Studie wurde mehreren hundert Läufern und Läuferinnen anonym folgende Frage vorgelegt: »Hat Laufen Ihre Sexualität irgendwie verändert?« Mehr als 50 Prozent berichteten von einer bedeutend höheren sexuellen Aktivität, und nur zwei Prozent gaben an, dass sich ihre sexuelle Lust vermindert habe.

Ein aerobes Ausdauertraining fördert das Sexualleben aus folgenden Gründen:

- Allgemeines Wohlbefinden und Selbstwahrnehmung verbessern sich. Nur wer sich selbst akzeptiert und »liebt«, kann auch andere lieben.
- Die körperliche Attraktivität wird gesteigert (sportliche Figur mit weniger Körperfett und mehr Muskulatur, frischer Teint). Auf-

grund des gesteigerten Selbstbewusstseins fällt es einem leichter, auf andere zuzugehen, andere fühlen sich angezogen.

- Die Durchblutung und die Sauerstoffversorgung der Geschlechtsorgane ist durch die besseren Fließeigenschaften des Bluts erhöht und steigert das sexuelle Erleben.

- Für eine langfristig glückliche Beziehung erweist sich insbesondere der ausgleichende und Stress abbauende Effekt eines Ausdauertrainings als hilfreich. Lassen Sie beim Sport kontrolliert Dampf ab! Gehen Sie nach draußen, und trainieren Sie, anschließend werden Sie die Dinge entspannter sehen und sich viel besser fühlen!

- Sehr schön ist es auch, wenn beide Partner ausdauerbegeistert sind. Dies impliziert natürlich nicht, dass alle Trainingseinheiten zusammen absolviert werden, aber vielleicht entdecken Sie den gemeinsamen Laufabend oder die gemeinsame Wochenendradtour als kleine zweisame Oase, in der der normale und manchmal stressige Alltag. Gerade auf den ersten Blick negativ erscheinende Erlebnisse, wie beispielsweise eine schrecklich verregnete Radtour mit Gegenwind oder ein anstrengender Lauf im Schneesturm, schweißen zusammen, und der anschließende Abend entschädigt für alles.

- Vergessen werden sollte auch nicht, dass sich über den Sport sehr unkompliziert nette Menschen mit ähnlichen Interessen kennen lernen lassen. Was sich dann daraus entwickelt – lassen Sie sich überraschen!

Wissenschaftliche Studien belegen, dass regelmäßiges Ausdauertraining die Lust auf Sex erhöht.

Sport macht sexy, ohne Frage. Man fühlt sich selbst attraktiver, wenn man einen durchtrainierten Körper hat. Und bei Lauftreffs lernt man nette Menschen kennen …

Exkurs in die
Sportmedizin

Zu schwach entwickelte Rumpfmuskulatur?

Bei meinem ersten Triathlon habe ich leider massive Probleme mit meinem Rücken bekommen. Beim Radfahren habe ich mir wohl eine Verhärtung der Rückenmuskulatur eingehandelt, wodurch ich auf den ersten zwei Laufkilometern fast keine Luft mehr bekam. Ich hatte das Gefühl, dass sich die Lunge wegen der knochenharten Rückenmuskulatur nicht mehr richtig aufblähen ließ. Bedingt durch diese »Kurzatmigkeit« blieb meine Laufleistung auch weit unter dem Erhofften. Liegen die Schmerzen und die Verkrampfung an einer schwach entwickelten Rumpfmuskulatur, oder welche Ursachen können noch verantwortlich sein?

Antwort: Rückenprobleme können so vielschichtige Ursachen haben, dass insgesamt nur bei 10 bis 15 Prozent der Patienten, die zum Arzt gehen, eine wirklich präzise Diagnose gestellt werden kann. Ursächlich spielt bei Ausdauersportlern und -sportlerinnen sicher oft eine relative Überlastung durch Druck- und Stoßbelastungen, wie sie beim Laufen und Radfahren vorkommen, eine Rolle. Eine gut ausgebildete Rumpfmuskulatur kann diese Kräfte bis zu einem gewissen Grad abpuffern, was umso wichtiger ist, wenn schon anatomische Fehlstellungen, wie beispielsweise eine Skoliose – eine Seitverkrümmung der Wirbelsäule – bestehen. Was die Therapie von

Die Autorin kennt als erfahrene Ausdauersportlerin und Ärztin die typischen Fragen zu dem Thema »Ausdauersport«. Hier steht sie Rede und Antwort.

Rückenproblemen anbelangt, stehen – neben einer medikamentösen Therapie – die folgenden nicht operativen Möglichkeiten zur Verfügung, die sinnvoll miteinenader kombiniert werden sollten:

Akute Maßnahmen:

- Blockade bzw. Irritation des Nervensystems beispielsweise durch Kältepackungen, Ultraschall, Reizstrom (TENS; auch enthalten in vielen EMS-Geräten, siehe Seite 154 f.)
- Lockerung der Muskulatur durch Massage oder Elektro-Muskel-Stimulation (z.B. Tonolyse- und Massageprogramme)
- Gelenkmanipulation: Führt kurzfristig zu einer verbesserten Beweglichkeit. Ob langfristige Veränderungen dadurch zu erreichen sind, wird kontrovers diskutiert.

Langfristige Maßnahme:

- Gezielte Kräftigung und Dehnung des betroffenen Bereiches.

Es hat sich gezeigt, dass bei chronischen Rückenschmerzen aufgrund vielfältiger Rückkopplungsmechanismen meist die tiefe Rückenmuskulatur – die Rückenstrecker – mehr an Kraft verliert als die Rückenbeuger und die Bauchmuskulatur. Deshalb sollte ein wichtiges Ziel der Behandlung die Kräftigung der Rückenstrecker sein. Speziell für diese isolierte Kräftigung wurden verschiedene Geräte entwickelt. Hervorzuheben ist eine Geräteserie namens »Med-X«. Studien belegen überragende Ergebnisse bei einem Training an diesen Geräten! Vorbeugend helfen natürlich Rumpfstabilisationsübungen, wie im Kapitel »Dehnen und Kräftigen«, Seite 80ff. beschrieben.

Ob die in der Frage beschriebene Kurzatmigkeit durch die Rückenverspannung verursacht wird, ist zu hinterfragen. Mir haben schon einige Sportlerinnen berichtet, dass ihnen zu Beginn des Laufes »die Luft wegblieb«. Die wahrscheinlichste Ursache liegt in einem zu schnellen Loslaufen. Durch die relativ hohe Geschwindigkeit beim Radfahren haben wir uns optisch an die schnell vorbeihuschende Landschaft gewöhnt, beim Laufen ist unser Tempo deutlich geringer. Dies kann dazu verleiten, zu schnell loszulaufen, da uns selbst unser Lauftempo extrem langsam vorkommt. Also beim abschließenden Lauf bewusst das Tempo drosseln! Im Training sollten Sie überlange Laufeinheiten meiden, stattdessen ist es sinnvoll, mehrere Ausdauerdisziplinen auch im Training zu kombinieren.

Grundsätzlich sollte ein »wirbelsäulenfreundliches« Verhalten im Alltag erlernt werden, denn dieser nimmt, im Vergleich zu der sportlichen Betätigung, einen Großteil des Lebens ein. Hier spielt auch die ergonomische Gestaltung des Arbeitsplatzes eine entscheidende Rolle. Rückenschulkurse, die hierzu nützliche Tipps und Übungsbeispiele parat haben, bieten inzwischen viele Sportvereine und Volkshochschulen an.

Was tun bei Leistenschmerzen?

Seit etwa vier Wochen plagen mich Schmerzen in der Leistengegend, und zwar genau am Ansatz der Adduktoren am Schambein. Die Schmerzen treten immer nach dem Laufen auf und halten je nach gelaufener Strecke mehrere Tage lang an. Ohne größere Probleme schaffe ich ungefähr sechs Kilometer im lockeren Trab. Nach meiner Zehn-Kilometer-Runde kann ich abends jedoch kaum mehr von der Couch aufstehen, geschweige denn am nächsten Tag laufen. Ich spüre den Schmerz immer morgens nach dem Aufstehen, mit Besserung im Laufe des Tages. Ich habe den Verdacht, dass bei meinem Gewicht, 75 Kilogramm bei 1,74 Metern, meine Bauch- und Rückenmuskulatur zu schwach ist, um diesen Bereich zu stützen. Wäre eine längere Laufpause sinnvoll?

Antwort: Aus der Ferne lassen sich lediglich mögliche Ursachen für die Leistenschmerzen nennen, zur exakten Diagnosestellung sollte allerdings ein Arzt aufgesucht werden. Sollte es sich wirklich um eine Reizung im Bereich des Adduktorenansatzes handeln, liegt die eigentliche Ursache nicht selten im Bereich des Rückens. Die Schmerzen können aber auch vom Hüftgelenk ausgehen; diese strahlen nämlich auch typischerweise in die Leiste aus. Hier ist an eine Entzündung, einen Verschleiß oder auch eine Fehlstellung zu denken. Unbedingt sollte ein Leistenbruch ausgeschlossen werden. Von der konkreten Diagnose hängt natürlich auch die weitere Therapie ab und die Beantwortung der Frage hinsichtlich des weiteren Trainings. Sinnvoll ist auf jeden Fall die regelmäßige Rumpfkräftigungsgymnastik. Fast alle wissen um deren Wichtigkeit, aber selten wird sie konsequent durchgeführt.

Sitzprobleme beim Radfahren

Ich habe vor vier Jahren mit dem Radfahren begonnen und hatte schon häufig Probleme mit dem Sitzen auf dem Radsattel. Deshalb habe ich verschiedene Sättel ausprobiert. Im Laufe der letzten Wochen stellten sich dann permanente Probleme ein: Druckempfindlichkeit im Bereich der Sitzbeinhöcker und Schmerzen bei bestimmten Bewegungen am hinteren Oberschenkelansatz. Kann die Ursache meiner Probleme auch der sehr schmale, 11,5 Zentimeter breite Sattel sein?

Antwort: Es ist meist recht schwierig, den Auslöser zu benennen. Wahrscheinlich liegt eher eine Verknüpfung von mehreren ungünstigen Faktoren vor. Ein mögliches Szenario, das zu diesen Beschwerden geführt haben könnte: Immer wieder traten rein mechanisch bedingte Schmerzen durch den einen oder anderen Sattel auf. Der Körper reagiert auf Schmerzen stereotyp über Nervenimpulse mit Anspannung der betroffenen oder umgebenden Muskulatur. Ein inkonsequentes Dehnen, besonders nach dem Radfahren, kann das Auftreten der Beschwerden noch unterstützt haben.

Die Therapie sollte mehrgleisig angelegt sein:

- Probieren Sie einen speziellen Frauensattel aus. Solche Sättel sind ziemlich kurz und etwas breiter. Lassen Sie sich im Radfachhandel beraten. Der Vorteil gegenüber den meisten Männersätteln ist, dass der Druck auf eine größere Fläche verteilt wird und so nicht nur punktuell die Sitzbeine belastet werden. Stellen Sie mit Hilfe eines Fachmannes oder eines Rennradbuches Ihre individuell optimale Lenker- und Sattelposition ein.
- Einen weiteren Komfortgewinn bringen Radhosen mit speziellen Fraueneinsätzen.
- Auch wenn die Radtour noch so lange war: Dehnen Sie die Oberschenkelrückseite, die Adduktoren und die Pomuskulatur obligatorisch nach jedem Radtraining. Keine Zeit? Dann verkürzen Sie lieber Ihre Ausfahrt um zehn Minuten!

Was tun beim »Runner's knee«?

Ich betreibe inzwischen gut sechs Jahre Ausdauertraining und habe schon etliche Wettkämpfe bestritten. Mein letzter Wettkampf war ein Marathon, in den ich allerdings verhältnismäßig untrainiert hineingegangen bin. Als ich nach dem Marathon im Ziel war, konnte ich zwei Wochen überhaupt nicht laufen. Seit diesem Wettkampf habe ich immer wieder Probleme mit dem Außenmeniskus. Inzwischen kann ich wieder 10 bis 15 Kilometer, auch in schnellerem Tempo, schmerzfrei laufen. Bei längeren Belastungen hingegen bekomme ich messerstichartige Schmerzen und brauche mindestens zwei Tage Regenerationszeit. Auf dem Röntgenbild ließ sich allerdings keine Veränderung im Kniebereich feststellen. Was soll ich tun?

Antwort: Eine exakte Diagnose ist natürlich nur mit klinischer Untersuchung und dem geeigneten bildgebenden Verfahren möglich. Ein Röntgenbild, wie in Ihrem Fall angefertigt, führt, was das Kniegelenk anbelangt, lediglich bei knöchernen Verletzungen und schweren Knorpelschäden zur Diagnose. Bei Verletzungen von Weichteilstrukturen dagegen, wie Meniskusschäden und Entzündungen der Muskelansätze oder Sehnen, ist eine Kernspintomographie viel aussagekräftiger. Auch bei »positiven Meniskuszeichen« in der klinischen Untersuchung muss es sich nicht zwingend um eine Läsion an dieser Struktur handeln. Aufgrund der beschriebenen Symptomatik könnte

es sich auch um ein so genanntes Runner's knee, das Tractus-iliotibialis-Syndrom handeln. Der Tractus iliotibialis ist ein Sehnenstreifen, der das Kniegelenk sichert und den Oberschenkelknochen gegen zu hohe seitlich wirkende Kräfte schützt. In Höhe des Kniegelenks läuft dieser Sehnenstreifen über einen Knochenvorsprung. In diesem Bereich kommt es bei Läufern und Läuferinnen nicht selten zu überlastungsbedingten Reiz- und Entzündungszuständen.

Überlastungen treten auf, wenn das Training zu schnell und zu umfangreich gesteigert wird, aber auch muskuläre Ungleichgewichte können diese Problematik hervorrufen. Zudem kann eine Überpronation – ein zu starkes Nach-innen-Wegknicken im Sprunggelenk – zu einer verstärkten Belastung der Knieaußenseite führen. Hier können die richtige Schuhwahl und/oder Schuheinlagen Abhilfe schaffen. Eine Laufbandanalyse gibt Aufschluss. Bringen Sie dazu unbedingt alle Laufschuhe mit, die Sie aktuell in Gebrauch haben. Das Abrollverhalten des Fußes kann nämlich durch verschiedene Schuhe unterschiedlich beeinflusst werden, außerdem erkennt ein erfahrener Orthopäde am Abrieb der Schuhsohle oft schon eine Fehlbelastung.

Mehr Licht ins Dunkel könnte eine Gelenkspiegelung, die Arthroskopie, bringen. Hiervon würde ich zum aktuellen Zeitpunkt jedoch noch abraten und mit dem Arzt die anderen Möglichkeiten erörtern. Besprechen Sie, ob

Physiotherapie oder physikalische Therapie Sinn macht. Die Therapien zielen im weitesten Sinne alle auf eine verbesserte lokale Durchblutung und damit auf einen effektiveren Entzündungsabbau durch Ihre körpereigenen antientzündlich wirkenden Systeme ab. Diese Effekte sind auch mittels Elektro-Muskel-Stimulation (EMS) zu erreichen. Neben der Schmerzbeseitigung durch ein TENS-Programm kann mit anderen Programmen die Durchblutung effektiv angeregt werden. Da die Entzündung recht oberflächlich liegt, können zusätzliche Salbenanwendungen mit einer antientzündlich wirkenden Creme wie Voltaren emulgel (Diclofenac) den Heilungsprozess unterstützen. Leider ist es für das Tractus-iliotibialis-Syndrom typisch, dass es zuweilen äußerst hartnäckig verläuft und zu allem Überfluss auch noch chronisch werden kann, wenn man sich nicht entsprechend verhält. Entscheidend ist dabei auch das richtige Verhalten im Sport.

Ihr Lauftraining sollten Sie bis zum Abklingen der Beschwerden einstellen oder stark einschränken. Weichen Sie auf andere Ausdauersportarten, insbesondere Aquajoggen oder Schwimmen, aus. Man sollte nur in der Sportart trainieren, in der man keine Schmerzen verspürt, die Sehne also nicht reizt. Beim Training sollte eine maximale Durchblutung bei minimaler Reizung der entzündeten Stelle im Vordergrund stehen. Wenn Sie wieder mit dem Laufen beginnen, sollten Sie Ihr Pensum langsam steigern: Laufen Sie zunächst nicht über 45

Minuten, und meiden Sie unebene Strecken und Bergabpassagen. Je disziplinierter Sie sich an diese Regeln halten, desto eher dürften Ihre Schmerzen wieder verschwunden sein.

Ausdauertraining trotz Meniskusschadens?

Seit einigen Wochen plagen mich beim Sport Schmerzen im Knie. Mein Arzt diagnostizierte einen Meniskusschaden und legte mir als Behandlung einen operativen Eingriff nahe. Andernfalls müsste ich den Schmerz in Kauf nehmen, könnte aber normal weitertrainieren, da mein Knie unter Belastung nicht anschwillt. Ich frage mich, ob ich mein Training fortführen oder minimieren soll? Ist es wirklich unbedenklich, unter Schmerzen zu trainieren, und gibt es Möglichkeiten, den Schmerz zu lindern? Welche Risiken birgt ein operativer Eingriff?

Antwort: Über längere Zeit unter Schmerzen Sport zu treiben ist nicht sinnvoll. Zum einen würde Ihnen bald der Spaß am Sport verloren gehen, zum anderen sollten Schmerzen stets als Warnzeichen des Körpers verstanden werden, die es zu beachten gilt! Von einem Dauergebrauch von Schmerzmedikamenten rate ich unbedingt ab; sie sollten allenfalls eine Übergangslösung darstellen, da hierdurch zwar der Schmerz unterdrückt, die Ursache aber nicht beseitigt wird! Außerdem sollten auch die möglichen Nebenwirkungen der Medikamente nicht außer Acht gelassen werden, etwa das

139

Auftreten von Magengeschwüren/-blutung und Nierenschäden. Intraartikuläre Injektionen (= Spritzen ins Gelenk) bergen immer ein Infektionsrisiko, wodurch es im schlimmsten Fall zur Gelenkzerstörung kommen kann.

Im Falle einer Meniskusläsion ist die Arthroskopie, die Gelenkspiegelung, oft eine sinnvolle Methode zur ursächlichen Behandlung. Die Spiegelung ist ein kleiner operativer Eingriff, bei dem sehr schonend der zerstörte Meniskus entnommen wird. Natürlich birgt auch eine Arthroskopie Risiken: Es kann durch die Verletzung von Nerven zu Gefühlsstörungen an der Haut, oder, wenn auch selten, sogar zu Muskellähmungen kommen, ebenso zur oben schon erwähnten Gelenksinfektion. Auf lange Sicht wird es durch das Fehlen des Meniskus, bedingt durch eine vermehrte Instabilität im Kniegelenk und durch den Wegfall der Pufferfunktion des Meniskus, zum verfrühten Gelenkverschleiß, zur Arthrose, kommen. Allerdings: Ein defekter im Gelenk belassener Meniskus wirkt sich noch zerstörerischer für das Gelenk aus! Ich würde Ihnen also zu einer Arthroskopie raten, da dies gerade bei Meniskusläsionen eine effektive Behandlungsmethode und langfristig das »kleinste Übel« darstellt.

Knorpelerweichung am Kniegelenk

Ich laufe seit vier Jahren und habe im letzten Jahr mit viel Spaß meinen ersten Volkstriathlon bestritten. Seit ein paar Wochen treten immer wieder Schmerzen im Bereich des linken Knies hinter der Kniescheibe auf, vorwiegend in gebeugtem Zustand und beim Laufen. Die Röntgenaufnahme und die Kernspintomographie ergaben keinen krankhaften Befund. Da die Beschwerden immer schlimmer wurden, ließ ich eine Gelenkspiegelung durchführen, bei der sich dann ein Oberflächendefekt des Knorpels herausstellte. Mein Arzt riet mir zu einer mehrmonatigen Laufpause. Radfahren und Schwimmen seien unbedenklich. Welche Möglichkeiten gibt es nach meiner Laufpause, um Aufschluss über die Heilung zu erhalten, und was kann ich zwischenzeitlich tun?

Antwort: Zum besseren Verständnis eine kurze Erklärung Ihres Befundes: Die so genannte Chrondromalazie, die Knorpelerweichung am Gelenkknorpel, ist gerade bei Frauen ein recht häufiges Beschwerdebild. Sie kann durch eine nicht ganz sauber im Gleitlager geführte Kniescheibe entstehen, was angeboren oder Folge eines muskulären Ungleichgewichts ist. Gelegentlich tritt die Knorpelerweichung auch posttraumatisch, sprich nach einem Unfall oder auch Anstoßtrauma, auf. In über der Hälfte der Fälle ist die Ursache allerdings überhaupt nicht festzustellen.

Als Therapie eignet sich Krankengymnastik, zunächst unter Anleitung, später auch selbstständig, insbesondere zum Trainieren des großen Oberschenkelmuskels und zur Dehnung der Muskulatur an der Oberschenkelrückseite.

Liegt der Defekt hinter der Kniescheibe, sollten Übungen ausgewählt werden, bei denen das Kniegelenk gestreckt ist. Das Muskeltraining kann auch mittels Elektro-Muskel-Stimulation (EMS) durchgeführt werden, da der Muskelaufbau hierbei ohne nennenswerte Gelenkbewegung vonstatten geht. Wird die Kniescheibe nicht sauber in ihrem Gleitlager geführt, läuft sie beispielsweise zu weit außen, muss die mittlere Partie des großen Oberschenkelmuskels bevorzugt gekräftigt werden. Der Erfolg von Maßnahmen wie Iontophorese, Ultraschall, Auflegen von Eis oder Fangopackungen ist bei den meisten Patienten und Patientinnen eher mäßig, aber immer einen Versuch wert. Erfahrungsberichten von Betroffenen zufolge sind Arnika- oder Voltaren-Emulgel-Salbe, teilweise auch Medikamente, die knorpelaufbauend wirken sollen, erfolgreich. Bei kleinen isolierten und echten Knorpeldefekten, wie sie oft nach einem Trauma entstehen, kann auch eine Knorpelzelltransplantation durchgeführt werden. Dabei werden üblicherweise körpereigene Knorpelzellen aus einem gesunden Teil des Kniegelenks entnommen, außerhalb des Körpers angezüchtet und dann in einem zweiten Eingriff in die betroffene Stelle implantiert.

Hinsichtlich der Länge der Laufpause gibt es sehr unterschiedliche Meinungen. Ich empfehle keine Pause von definierter Länge, sondern so lange, bis die Beschwerden subjektiv abgeklungen sind. Beginnen Sie danach vorsichtig mit Läufen von 10 bis 15 Minuten Dauer. Im Alltag sollte darauf geachtet werden, längeres Sitzen mit gebeugtem Knie oder tiefes Hocken, sprich alle Bewegungen, bei denen das Knie länger oder unter Belastung gebeugt ist, zu vermeiden. Ob es zu einer Heilung gekommen ist, ist an Ihrer Schmerzfreiheit festzumachen, weitere Untersuchungen sind weder nötig noch sinnvoll! Übrigens kommt es in der überwiegenden Zahl von Fällen zur (Spontan-)Heilung! Sportlich ist alles erlaubt, was nicht schmerzt. Insbesondere nach dem Radfahren ist aber ein gründliches Dehnen der Oberschenkelvorder- und -rückseite wichtig.

Sportuntauglich nach Riss des vorderen Kreuzbandes?

Bei einem Skiunfall vor vier Wochen habe ich einen Riss des vorderen Kreuzbandes erlitten. Muss ich jetzt operiert werden, und wie sieht es mit Sport aus, für den Fall, dass ich nicht operiert werde?

Antwort: Ob eine Operation, bei der das Kreuzband meist durch eigenes Sehnenmaterial ersetzt wird, oder eine konservative Therapie sinnvoll ist, hängt von Faktoren wie den sportlichen Ambitionen, der Sportart, dem Stabilitätsgrad des Knies, dem muskulären Zustand, der körperlichen Belastung in Beruf und Alltag und vom Alter ab. Tritt ein Instabilitätsgefühl im Kniegelenk auf, das so genannte giving way, oder sollten Sie förmlich im Kniegelenk wegknicken, darf mit einem operativen

Eingriff nicht mehr lange gewartet werden, da es sonst zu einer zusätzlichen Schädigung von Meniskus und Knorpel kommt. Ziel der Operation ist die uneingeschränkte Wiederherstellung der Kniegelenksfunktion, also auch der Sporttauglichkeit. Ist eine Operation nicht nötig, sollte das Kniegelenk durch eine kräftige muskuläre Manschette gestützt werden. Unter krankengymnastischer Anleitung und später auch selbstständig ist insbesondere die Oberschenkelmuskulatur zu kräftigen. Sportliche Betätigungen, bei denen es zu unkontrollierten Bewegungen im Kniegelenk kommt, wie beim Laufen auf unebenem Untergrund und bei diversen Ballsportarten, sind zunächst zu meiden! Radfahren und Aquajoggen sind dagegen empfehlenswert.

Habe ich einen Ermüdungsbruch?

In zwei Monaten steht mein erster Mountainbikemarathon an. Neben dem Radtraining im Gelände laufe ich auch sehr viel. Jetzt verspüre ich allerdings seit etwa zwei Wochen einen punktuellen Schmerz am Schienbein kurz oberhalb des Fußgelenks. Könnte es sein, dass ich einen Ermüdungsbruch erlitten habe? Wie lange müsste ich dann mit einer Trainingspause rechnen?

Antwort: Es könnte sich in Ihrem Fall durchaus um einen Ermüdungsbruch handeln. Die genaue Diagnose muss durch eine gründliche Untersuchung beim Arzt gestellt werden.

Außer einem Bruch käme eine Entzündung der Sehnenhülle des Fußhebermuskels oder eine Entzündung des Sehnenansatzes dieses Muskels am Schienbein infrage. Ursache ist häufig eine punktuelle Überlastung, ausgehend von einer Fehlstatik des Bewegungsapparates, wie Fuß-, Knie- oder auch Hüft- und Beckenfehlstellungen. Falsches Schuhwerk kann ebenfalls ursächlich sein. Absolvieren Sie mehrmals pro Woche ein Lauftraining, nutzen Sie abwechselnd zwei bis drei verschiedene Schuhmodelle. Dadurch wird vermieden, dass der Fuß ständig durch einen falschen Schuh fehlbelastet wird. Auch für die Schuhe, und somit für den eigenen Geldbeutel, ist es günstiger, nicht nur einen einzigen Schuh im Dauergebrauch zu haben.

Für den Fall, dass es sich um eine Entzündung am Sehnenansatz und keinen Bruch handelt, sollte mit Reizstrom, Massagen und Salben wie Diclofenac oder Arnica behandelt werden. Bei Entzündung der Sehnenhülle selbst wäre eine Woche ohne Sport sinnvoll.

Auf jeden Fall sollte aber erst ein Ermüdungsbruch ausgeschlossen werden, denn gerade bei ambitionierten Ausdauersportlerinnen, bei denen Menstruationsunregelmäßigkeiten oder -ausfälle über einen längeren Zeitraum auftreten, kommen diese gehäuft vor. Bei der Diagnosestellung hilft oft ein Knochenszintigramm weiter. Ein Röntgenbild hingegen führt meist nicht zur Diagnose, da es sich bei Ermüdungsbrüchen um feinste Haarrisse handelt, die röntgenologisch kaum zu erkennen sind. Bei der Knochenszintigraphie dagegen werden mittels radioaktiv markierten Materials, das für den Menschen ungefährlich ist, Stoffwechselprozesse im Knochen und damit indirekt auch der Bruch sichtbar gemacht.

Handelt es sich um einen Ermüdungsbruch, werden Sie um eine längere Lauf- und Mountainbikepause nicht herumkommen. Schwimmen und Aquajoggen sind allerdings schon früher wieder möglich. Liegt die Ursache für den Bruch in einem generellen Kalkmangel Ihres Skelettsystems, muss unbedingt eine Therapie eingeleitet werden, um Ihren Knochen wieder fester zu machen und so vor weiteren Brüchen zu schützen!

Wie werde ich meine ständig wiederkehrenden Wadenkrämpfe los?

Ich quäle mich schon seit rund fünf Jahren mit immer wiederkehrenden Wadenkrämpfen. Ich bestreite auch Triathlon- und Laufwettkämpfe als lockeren, aber intensiven Ausgleich zu meinem Job als Kommunikationsdesignerin. Nach zwei zufrieden stellenden Jahren traten plötzlich in den Ruhe- und Regenerationsphasen diese Wadenkrämpfe auf. Sie sind teilweise so stark, dass ich keinen Schritt mehr gehen kann. Auch der Restschmerz hält sich einige Tage, so dass ein Training nicht mehr möglich ist. Ich baue dann jedes Mal mein Training ganz behutsam wieder auf, doch spätestens nach vier Wochen krampfen meine Waden erneut.

Ich habe schon Erfahrungen mit verschiedenen Ärzten und Behandlungsmethoden gemacht, doch bislang ohne Erfolg. Bislang habe ich folgende Untersuchungen durchführen lassen und nachstehenden Behandlungsmethoden ausprobiert:

- Überprüfung meiner Arterien und Venen in den Beinen bei einem Spezialisten
- Infusionen mit Magnesium und Mineralien
- Massagen der Waden bei einem Physiotherapeuten
- Einlagenversorgung meiner Laufschuhe
- Spritze in das Schambein, um eine eventuelle Verkrampfung zu lösen
- Krankengymnastik.

Meine Ernährung ist eher gesund, ich rauche nicht und trinke ab und zu mal ein Glas Rotwein. Ich bemühe mich, bis zu drei Liter Wasser am Tag zu trinken, und dehne regelmäßig meine Waden. Was soll ich noch tun?

Antwort: Die von Ihnen unternommenen Anstrengungen zur Aufklärung der Ursache und Beseitigung der Wadenkrämpfe zählen tatsächlich schon zu den wesentlichen. Ein Mineralienmangel als Ursache für immer wiederkehrende Krämpfe sind bei der informierten Ausdauersportlerin eher selten, da die meisten im Besitz des einen oder anderen Elektrolytpülverchens sind und auch ausreichend viel trinken. Es existieren jedoch so vielfältige Möglichkeiten als Ursache für Wadenkrämpfe, dass die Abklärung sehr (zeit)aufwändig sein kann.

Neben den von Ihnen schon angesprochenen orthopädischen und gefäßbedingten Ursachen kommen v. a. neuromuskuläre Ursachen infrage. Sie sind meist Folge einer Stoffwechselerkrankung, wie dem Diabetes mellitus (Zuckerkrankheit), einer Schilddrüsenunterfunktion, einer Nierenerkrankung oder einer angeborenen Muskelerkrankung, von denen es auch Formen gibt, die sich erst im Laufe des Lebens bemerkbar machen. Allerdings treten dabei so gut wie immer auch Muskelschwäche und Schmerzen auf. Als seltenere Ursache kommen noch verschiedenste Medikamente sowie Weichteilrheumatismus in Betracht, ferner kann eine internistische Erkrankung der Grund für die Schmerzen sein. Oft, und dies ist für die betreffenden Athletinnen sehr unbefriedigend, findet sich weder eine organische noch eine den Stoffwechsel betreffende Ursache für die Krämpfe. In diesem Fall kann man nur versuchen, mit allen möglichen Mitteln den Muskeltonus (Spannungszustand des Muskels) zu senken. Neben den von Ihnen schon praktizierten Möglichkeiten kämen noch Entspannungstechniken oder die regelmäßige Behandlung mittels EMS infrage. Trinken Sie viel Kaffee oder schwarzen Tee, schränken Sie den Konsum ein.

Wie soll ich mich bei einem Fersensporn verhalten?

Ich bin 35 Jahre alt und betreibe seit sieben Jahren begeistert Ausdauersport in den verschiedensten Varianten. Nun habe ich am linken Fuß leider einen Fersensporn unter der Ferse, wie mein Orthopäde diagnostiziert hat. Gelaufen bin ich nun schon seit einem halben Jahr nicht mehr, doch leider trat bislang noch keine Besserung ein, Druck- und Belastungsschmerz bleiben. Was gibt es denn bei einem Fersensporn für Behandlungsmöglichkeiten, Tipps oder Tricks?

Antwort: Wahrscheinlich handelt es sich bei der geschilderten Verletzung um einen so genannten plantaren Fersensporn, also einen knöchernen Sporn im Bereich der Fußsohle. Dieser entsteht meist durch verstärkten Zug seitens der Zehenbeugemuskulatur und der flachen Fußsohlensehne, oft bedingt durch eine Abflachung des Fußlängsgewölbes aufgrund einer angeborenen oder erworbenen Fußfehlstellung. Der größte Druck- und Belastungsschmerz lässt sich genau am Übergang vom Längsgewölbe zum Fersenpolster, mehr am inneren Fußrand, lokalisieren.

Besteht eine Fußfehlstellung, sollte dieser durch orthopädische Einlagen und durch ein gezieltes Krafttraining entgegengewirkt werden. Eine Verminderung des Muskelsehnenzuges erreicht man durch manuelles Detonisieren, also die Herabsetzung des erhöhten Muskeltonus, durch einen Physiotherapeuten, sowie durch eigenes Dehnen des Fußes. Druckentlastende Fersenkissen – das sind Gelkissen oder Locheinlagen mit Aussparung exakt unter dem Druckpunkt – sowie lokale

Infiltrationen und eine Stoßwellentherapie (teuer) können den Heilungsvorgang unterstützen. Weniger sinnvoll sind Salben und Kälteanwendungen, die wegen der Tiefe des Prozesses schlecht bis an den »Ort des Geschehens« durchdringen.

Aufgrund der stark erhöhten Rezidivrate, also dem Wiederauftreten des Sporns, würde ich von einer Operation zunächst abraten und erst die konservativen Möglichkeiten ausschöpfen. Der Umfang und die Art des Trainings müssen der aktuellen Schmerzsituation angepasst werden, gegebenenfalls muss eine Zeit lang pausiert werden. Schwimmen und Aquajoggen stellen eine sinnvolle Alternative zum Laufen dar.

Kortisonbehandlung bei Achillessehnenproblemen?

Ich möchte in einem Monat bei meinem ersten Triathlon starten. Nun habe ich aber seit 14 Tagen im linken Achillessehnenbereich akute Schmerzen. Trotz Stretchen, Kältepackungen, Salben und Massagen verspüre ich aber keine Besserung. Mein wöchentliches Laufpensum hat sich bereits drastisch reduziert. Aus psychischer Sicht halte ich eine komplette Einstellung des Lauftrainings für mich momentan aber nicht praktizierbar. Ich habe nun sogar schon daran gedacht, mich mit Kortisonspritzen behandeln zu lassen, um schmerzfrei den Wettkampf bestreiten zu können. Ist das sinnvoll?

Antwort: Bis zum geplanten Start beim Triathlon bleibt nicht mehr viel Zeit, und leider stellt sich die Therapie von Entzündungen der Sehne selbst oder des umgebenden Gleitgewebes bzw. Schleimbeutels oft als langwierig dar. In der Vielzahl der Fälle auch deshalb, weil nur das Symptom, sprich der Schmerz, behandelt wird, die Ursachen jedoch bestehen bleiben. Mögliche Ursachen sind:

- Supination (Wegknicken des Fußes nach außen)
- Überpronation (Wegknicken des Fußes nach innen)
- Bandlockerungen im Bereich des Sprunggelenks, beispielsweise durch häufiges Umknicken
- Verkürzte Wadenmuskulatur durch ungenügende Regeneration und Dehnung, einen zu harten oder weichen Untergrund (Sand, Matsch, Schnee, Hallenboden)
- Mangelnde Anpassung an die Belastung nach Trainingspause
- Sport- oder Alltagsschuhe mit zu weit hochgezogener und zu harter Fersenkappe.

Bei akuten Problemen können Sie versuchen, durch einen Fersenkeil die Zugbelastung von der Achillessehne zu nehmen, dies allerdings nur in Kombination mit einer dosierten Wadendehnung, da sich durch den Keil die Muskulatur sonst weiter verkürzen würde. Tragen Sie, wenn immer möglich, hinten offene Schlappen, um mechanischen Druck auf die Sehne zu vermeiden. Physiotherapeutische Methoden

145

wie Ultraschall oder Kälteanwendungen können den Entzündungsabbau unterstützen. Wollen Sie sich die Sehne dennoch anspritzen lassen, bitte nur mit pflanzlichen Entzündungshemmern. Eine Kortisoninjektion an die Sehne erhöht die Rissgefahr und sollte unbedingt unterlassen werden! Können Sie reiskornartige Einlagerungen – Knübbelchen – im Bereich der Sehne tasten, ist die Rissgefahr bereits erhöht, und Sie sollten mit Belastungen sehr vorsichtig umgehen.

Rückenprobleme durch Beinlängendifferenz?

Ich bin Freizeitradlerin, und mein rechtes Bein ist 1,5 Zentimeter kürzer als das linke. Könnten daher meine schon fast chronischen Rückenschmerzen kommen? Gibt es spezielle Pedale, mit denen man diesen Unterschied ausgleichen kann? Oder kann man nur Sonderlösungen von Orthopädietechnikern erwarten?

Antwort: Es kann durchaus sein, dass die Beinlängendifferenz der Grund für Ihre Schmerzen ist. Spezielle Pedale zum Distanzausgleich gibt es meines Wissens aber nicht! Die normalerweise üblichen Einlagen oder Fußkeile machen keinen Sinn, da man hierdurch sehr hoch im Radschuh steht und wenig Halt hat. Sinnvoll wäre der Ausgleich durch eine spezielle Holzplatte zwischen Radschuh und Pedal von einem Zentimeter Dicke. Da Sie wahrscheinlich aber wesentlich mehr Zeit des Tages nicht auf dem Fahrrad verbringen, sollten Sie vor allem Ihre Alltagsschuhe anpassen lassen. Als Erstes sollten Sie jedoch unbedingt einen Orthopäden aufsuchen, um andere Ursachen für Ihre Rückenbeschwerden auszuschließen.

Darf ich bei einer Erkältung trainieren?

Ich laufe dreimal in der Woche mit einer Freundin. Leider bin ich ziemlich häufig erkältet und stehe jedes Mal wieder vor der Frage, wie und ob ich Sport treiben soll.

Antwort: Zunächst sollten Sie sich fragen, wieso Sie so oft erkältet sind. Haben Sie Kleinkinder, wird sich dies kaum vermeiden lassen. Überdenken Sie Ihren Lebensstil: Haben Sie genug Schlaf, genügend lange Regenerationsphasen, leiden Sie unter Stress, ernähren Sie sich gesund, tragen Sie die angemessene Kleidung beim und nach dem Sport? Vielleicht überfordern Sie sich im Training? Sollte Ihre Freundin leistungsstärker sein, können Tempo und Umfang zwar für die Freundin angemessen, für Sie aber zu belastend sein. Permanente Überbelastung schwächt das Immunsystem!

Im Folgenden ein paar Richtlinien zum Training bei Erkältung: Bei Fieber, Gliederschmerzen, Schüttelfrost und Appetitlosigkeit ist striktes Sportverbot angesagt. Frühestens drei bis vier Tage nach Abklingen des Fiebers darf wieder mit sehr langsamen Dauerläufen begonnen werden. Andernfalls besteht die Gefahr, dass der Infekt auf das Herz schlägt und eine Herzmuskelentzündung auslöst. Alarmzeichen hierfür wären Herzrasen, Herzstolpern, aber auch ein anhaltendes Formtief nach einem Infekt oder ein permanent erhöhter Ruhepuls, Suchen Sie in einem solchen Fall sofort den Arzt auf! Bei einer »banalen« Erkältung hingegen reicht es meist aus, ein bis zwei Tage zu pausieren. Es ist aber auch zu vertreten, ein sehr lockeres Training fortzuführen.

Ist ein Ausdauertraining bei entzündlichen Prozessen erlaubt?

Ich lese ab und an in der Zeitung von jungen Sportlerinnen und Sportlern, die an einem plötzlichen Herztod sterben. Diesem lag nicht selten eine Herzmuskelentzündung zugrunde, bedingt durch ein Fortführen des Trainings trotz einer entzündlichen Erkrankung. Soll ein Ausdauertraining nun generell bei entzündlichen Prozessen unterbrochen werden oder nur bei ganz bestimmten Entzündungen?

Training trotz Infekts?		
Art des Infekts	**Kriterien**	**Empfehlung**
»Banale« Erkältung	Laufende Nase, leichter Reizhusten, »Kratzen« im Hals, kein Fieber, kein schweres Krankheitsgefühl	Keine Tempoläufe und Wettkämpfe, lockere Dauerläufe erlaubt, danach langsam wieder in das normale Training einsteigen
Virusinfekt der Atemwege	Wässriger Schnupfen, rote, nicht eitrig belegte Mandeln, evtl. Fieber	Bei Krankheitsgefühl oder Fieber: kein Sport! Bei Fieber: (Bett-)Ruhe und fiebersenkende konservative Mittel wie Wadenwickel. Sonst: siehe oben
Hochfieberhafter bakterieller Infekt	Fieber, Eiterherd (z. B. eitrig belegte Mandeln); schweres Krankheitsgefühl	Sportverbot und Arzt konsultieren. Lockeres Training frühestens 3–4 Tage nach Absetzen des Antibiotikums oder Abklingen der Symptome erlaubt
Häufige Infekte	Mehr als fünf bis zehn Infekte pro Jahr; je nach Alter	Arzt aufsuchen: Immunstatus überprüfen lassen, Lebensweise, Ernährung überdenken Zahnarzt aufsuchen: Häufig liegt der Infektionsherd im Zahnbereich

147

Antwort: Es gibt viele verschiedene und unterschiedlich schwerwiegende entzündliche Prozesse. Grundsätzlich muss ein Ausdauertraining nicht unterbrochen werden, wenn die Entzündung lokal begrenzt ist. Vorsicht ist jedoch immer geboten, da gerade bei Infektionskrankheiten nicht immer leicht zu erkennen ist, ob der Prozess noch lokal begrenzt ist oder schon den ganzen Körper befallen hat.

In jedem Fall gilt Sportverbot bei einem Infekt mit Fieber, Schüttelfrost, Gliederschmerzen, »schweren Beinen«, starken Kopfschmerzen und Appetitlosigkeit. Eine Blutuntersuchung kann Aufschluss über Ihr Krankheitsbild geben: Bei einer stark erhöhten oder verminderten Zahl der weißen Blutkörperchen, einer erhöhten Aktivität der Immunzellen oder einer erhöhten Blutsenkungsgeschwindigkeit sollten Sie auf jeden Fall auf Ihr Training verzichten. Lassen Sie also bei Entzündungen stets Vorsicht walten, und machen Sie lieber ein Blutbild als ein Training zu viel!

Wie verhalte ich mich bei häufig wiederkehrenden Mandelentzündungen?

In den letzten Monaten hatte ich öfter mit einer Mandelentzündung zu kämpfen, und selbst im Sommer blieb ich nicht verschont. Vermutlich kam es zu diesen Rückfällen, weil die Erkrankung nicht komplett auskuriert wurde. Ich habe gelesen, dass man bei einer Mandelentzündung mit dem Training aussetzen soll, weil es durch die im Körper vorhandenen Bakterien zur Schädigung von Nieren und Herz kommen kann. Kann es auch zu einer chronischen Erkrankung kommen? Wäre es nicht besser, die Rachenmandeln entfernen zu lassen, obwohl diese eine gewisse Schutzfunktion haben sollen?

Antwort: Es ist richtig, dass die aus Lymphgewebe bestehenden Rachenmandeln eine Schutzfunktion gegenüber Krankheitserregern, die durch den Mund eintreten, haben. Im Zuge der Auseinandersetzung mit den Keimen, meist Bakterien, kann es zur Vergrößerung und Rötung der Mandeln kommen, teilweise mit eitrigen Auflagerungen. Manchmal schwellen auch die Lymphknoten im Halsbereich an, Fieber, Schluckbeschwerden und Abgeschlagenheit können auftreten. Durch die heutige Möglichkeit einer Antibiotikabehandlung kommt es selten zu der von Ihnen angesprochenen Schädigung von Herz und Nieren. Trotzdem würde ich zu einer operativen Entfernung der Mandeln raten, denn chronisch entzündete Mandeln haben keine Schutzfunktion mehr, sie können Herd für Entzündungen an ganz anderer Stelle im Körper sein, z. B. Entzündungen im Knie- und Achillessehnenbereich.

Können intensive Belastungen Kopfschmerzen auslösen?

Ich bin eine begeisterte Volksläuferin. Seit einem Jahr absolviere ich jetzt auch schnelle Tempoläufe, um meine Laufzeiten noch zu verbessern. Leider treten nach diesem intensiven Training relativ häufig Kopfschmerzen auf, die ich ohne die Einnahme von Schmerzmedikamenten fast nicht aushalten kann. Das Gleiche passiert mir bei Wettkämpfen. Früher hatte ich ab und an auch schon einmal Kopfschmerzen, aber nie in diesem Ausmaß. Ich bin deshalb ziemlich beunruhigt.

Antwort: Da Art und Ursache von Kopfschmerzen sehr unterschiedlich sind, kann pauschal weder eine Entwarnung ausgesprochen noch muss Panik verbreitet werden. Ich würde jedoch der Ursache auf den Grund gehen, da sich unter Umständen auch eine behandlungsbedürftige internistische Erkrankung, wie beispielsweise ein Bluthochdruck, dahinter verbergen kann. Bei annähernd jedem Menschen kommen Kopfschmerzen als typischer Ausdruck von Müdigkeit, Überanstrengung, hoher Belastung und Stress vor. Nicht ohne Grund gibt es den geläufigen Ausspruch in belastenden Situationen, dass etwas »Kopfschmerzen bereitet«. Da jede Wettkampfsituation einen gewissen Stressfaktor darstellt, zu (Über-)Anstrengung führen kann und zweifelsohne eine anschließende Müdigkeit bewirkt, kann der Wettkampf an sich durchaus Kopfschmerzen verursachen! Durch gezielte Entspannungsmaßnahmen vor und nach dem Wettkampf sowie mit zunehmender Wettkampfroutine sollten die Kopfschmerzen jedoch mit der Zeit verschwinden.

Auch eine unzureichende Flüssigkeitszufuhr und Überhitzung des Körpers können die Kopfschmerzen auslösen: Vorbeugend sollte deshalb regelmäßig, d.h. mindestens alle 20 Minuten, 200 Milliliter Flüssigkeit aufgenommen werden, bei großer Hitze sogar mehr. Der Kopf ist durch eine Kappe vor direkter Sonneneinwirkung zu schützen. Bei hochsommerlichen Temperaturen können Kopf und Körper durch gelegentliche »Wasserduschen« gekühlt werden: Nehmen Sie sich einen Becher Wasser an einer Verpflegungsstation, und schütten Sie den Inhalt über Ihren Kopf. Achtung: Das Wasser sollte nicht eiskalt sein!

Der vom Nacken zum Hinterkopf ausstrahlende Spannungskopfschmerz beruht auf einer Verspannung der Nackenmuskulatur, wobei ursächlich Fehlhaltungen des Kopfes, beispielsweise durch langes Arbeiten am PC in nicht ergonomischer Sitzposition, und eine psychische Belastungskomponente – Beruf, Privatleben, Wettkampfstress – infrage kommen. Bei Radfahrerinnen liegen die Beschwerden vielfach auch in einer falschen Sitzposition auf dem Rad begründet. Korrigieren Sie also bei Bedarf die Sitzposition am Arbeitsplatz oder auf dem Rad. Vor und nach jedem intensiven Training wäre eine entspannende Nackenmassage ideal; diese kann übrigens auch mit einem EMS-Gerät (siehe Seite 154f.) simuliert werden. Abschließende Wärmeanwendungen entspannen die Muskulatur noch weiter. Bei Beschwerdefreiheit sollte dann eine intensive

149

Kräftigung der neben der Wirbelsäule liegenden Muskulatur erfolgen.

Nehmen Sie häufig schmerzstillende Medikamente, wie z. B. Indomet(-acin) oder Diclofenac (=Voltaren), kann es zu einem medikamentös bedingten Kopfschmerz kommen. Übrigens sind diese Medikamente gerade im Ausdauersport in höchstem Maß bedenklich, unter Umständen sogar lebensgefährlich, da sie die Nierenfunktion einschränken und in Kombination mit einem hohen Flüssigkeitsverlust – wie er bei Wettkämpfen oder Training in starker Hitze durchaus vorkommt – zur akuten Niereninsuffizienz führen können, was bedeutet, dass die Nieren ihre Arbeit einstellen, was letztendlich zum Tod führen kann.

Möglicherweise handelt es sich bei Ihren Beschwerden auch um »symptomatische« Kopfschmerzen, also um Kopfschmerzen, die als Symptom einer anderen Grunderkrankung auftreten. In diesem Fall ist meist der Arzt gefragt. So treten beispielsweise bei einer Fehlstellung oder Schädigung im Bereich der Halswirbelsäule oft Kopfschmerzen auf, insbesondere in Stresssituationen. Die Erschütterungen beim Laufen, oder auch die Sitzposition auf dem Rad, können die Beschwerden noch verschlimmern. Wenn zusätzlich noch Gefühlsstörungen oder muskuläre Defizite in den Armen auftreten, muss der Wettkampf oder das Training sofort abgebrochen und ein Arzt konsultiert werden, da es sich hierbei um einen Bandscheibenvorfall handeln kann.

Starke körperliche Anstrengung führt zu einer Erhöhung des Blutdrucks und kann hierdurch den vaskulären, d. h. von einer Fehlregulation im Bereich der Blutgefäße ausgehenden, Kopfschmerz auslösen. Ist in der Familie Bluthochdruck bekannt, sollte unbedingt abgeklärt werden, ob Ihr Blutdruck in Ruhe und unter Belastung normal ist, denn durch genetische Veranlagung kann ein hoher Blutdruck auch bei jungen, schlanken, sonst gesunden Sportlerinnen und Sportlern auftreten und nicht ausschließlich, wie vielfach angenommen, bei Übergewichtigen! Je nach Ausmaß des Hochdrucks muss dieser therapiert werden, da sonst Spätschäden an den Gefäßen und dadurch Herzinfarkt oder Schlaganfall drohen.

Fazit: Bessern sich die Kopfschmerzen unter »Eigentherapie« nicht, besteht der Verdacht auf eine andere Erkrankung, und kommt es zu weiteren Symptomen wie Taubheitsgefühl, starkem Schwindel oder muskulären Schwächen, muss unbedingt ein Arzt aufgesucht werden.

Darf ich als Ausdauersportlerin Blut spenden?

Ich bin eine 22-jährige Triathletin. An unserer Uni werden gelegentlich Blutspendeaktionen durchgeführt. Ich habe mir schon öfter überlegt, auch spenden zu gehen. Nur, wie schnell kann man danach das Training wieder aufnehmen? Muss ich mit Leistungseinbußen rechnen, und wie steht es um die bei der Frau meist sowieso knappen Eisenvorräte im Körper?

Antwort: Sowohl aus dem Grund, dass ständig eine Knappheit an Spenderblut existiert, als auch aufgrund der Tatsache, dass durch die Blutspende die eigene Blutproduktion positiv beeinflusst wird, kann ich generell zum Blutspenden raten. Vor der Spende sollten jedoch einige Punkte abgeklärt werden, und auch nach der Spende sollten Sie einige Besonderheiten beachten, um sich auch nach dem vorübergehenden Blutverlust wohl zu fühlen und bald wieder normal trainieren zu können:

- Lassen Sie vor der Spende den Eisenspeicher – den Ferritinwert – überprüfen. Ist er zu niedrig, sollten Sie von einer Spende zunächst absehen und in Absprache mit dem Arzt eine Kur mit Eisentabletten durchführen.
- Spenden Sie nicht später als drei Monate vor Ihrem wichtigsten Wettkampf in der Saison.
- Vermeiden Sie in den ersten Tagen nach der Spende hohe Belastungen. Ein lockerer Dauerlauf ist am nächsten Tag aber durchaus schon wieder möglich.
- Trainieren Sie nach der Blutspende mit Pulsuhr. Sie werden sehen, dass Ihr Puls bei gleicher Belastung ein paar Schläge höher als gewöhnlich liegt.
- Achten Sie zur Unterstützung der Blutbildung auf eine ausreichende Flüssigkeitszufuhr und Eisenaufnahme. Unter Umständen sollten für ein bis zwei Monate Eisentabletten, wie z.B. Ferrosanol duodenal, eingenommen werden.

Reduziert ein »Sportlerherz« die Lebenserwartung?

Anlässlich eines privaten Gesprächs mit einer praktischen Ärztin kam die Unterhaltung auch auf mein Training und meine Wettkämpfe im Triathlon. Laut Aussage der Ärztin kommt es, ganz gleich, ob man Triathlon oder Ausdauersport im Allgemeinen professionell oder, wie ich, als Hobbysportlerin betreibt, zu anormalen Vergrößerungen der Herzkammern, speziell der linken Kammer. Diese Vergrößerung, das so genannte Sportlerherz, sei nicht mehr rückgängig zu machen und würde auf Dauer die Lebenserwartung drastisch reduzieren, da es im Lauf der Zeit zu einer Herzschwäche käme. Das Herz sei nach einigen Jahren des Ausdauersports »aufgebraucht« und könne seine normale Leistung nicht mehr erbringen. Die Lebenserwartung könne bis auf ca. 50 Jahre reduziert werden.

Antwort: Solche Aussagen sind leider keine Seltenheit und sollten »verboten« werden, da mit solchen Aussagen Menschen vom Ausdauersporttreiben und damit von einer die Gesundheit fördernden Lebensweise abgehalten werden. Verschiedene Studien beweisen, dass (Hoch-)Leistungssportler und -sportlerinnen sogar eine etwas höhere Lebenserwartung als die Durchschnittsbevölkerung haben.

Doch was ist nun ein »Sportlerherz«? Diese Art von Herz ist ein durch die Anforderungen des Ausdauertrainings natürlich vergrößertes

151

Herz. Überwiegend kommt es dabei zu einer Muskelzunahme, also einer Wandstärkenzunahme. Die Erweiterung der Herzhöhle fällt dagegen gering aus. Dem Dickenwachstum ist eine natürliche Grenze gesetzt, da Muskelfasern nur bis zu einem bestimmten Umfang mit Nährstoffen versorgt werden können. Ab einem Herzgewicht von ungefähr 500 Gramm, was man auch als so genanntes kritisches Herzgewicht bezeichnet, ist die Versorgung nicht mehr optimal gewährleistet, und es kann zur Minderversorgung und damit beispielsweise zu Herzrhythmusstörungen oder einem Herzinfarkt kommen.

Das kritische Herzgewicht wird aber selbst bei extremstem Ausdauertraining nicht erreicht, es sei denn, es besteht zusätzlich eine (unerkannte) Herzerkrankung. Aus diesem Grund sollten Sie Ihr Herz auch regelmäßig kontrollieren lassen. Ein Sportlerherz bildet sich bei völliger Ruhigstellung des Athleten oder der Athletin innerhalb von drei Wochen um 10 bis 15 Prozent zurück, und zwar ohne Schäden oder Narbenbildung. Trotzdem ist ein langsames »Abtrainieren«, also die schrittweise Reduzierung des Trainingsumfangs und der Intensität, für das Herz-Kreislauf-System sinnvoll, da es sonst zu einem Kollaps und Rhythmusstörungen kommen kann, beschrieben als »akutes Entlastungssyndrom«, das aber nicht lebensgefährlich ist.

Die offensichtlich die Herzgesundheit fördernden Aspekte des Ausdauersports, ein insgesamt niedrigerer Puls und Blutdruck und eine Ökonomisierung der Herzarbeit, wodurch das Herz nicht »aufgebraucht«, sondern summa summarum sogar geschont wird, scheinen leider von notorischen Sportgegnern gezielt ignoriert zu werden.

Wie reagiere ich auf Magenkrämpfe im Wettkampf?

Ich bin eine ambitionierte Hobbytriathletin und habe im Wettkampf leider immer wieder mit folgendem Problem zu kämpfen: Während des Radfahrens geht es mir gut, ich trinke ausreichend Wasser, esse zwischendurch ein kleines Stück Banane und manchmal auch Flüssignahrung in Form eines Energiegels. Zum Ende der Radetappe fahre ich mit niedrigerer Intensität Richtung Wechselzone. Hier folgt ein schnelles Umziehen, und sobald ich loslaufe, stellen sich früher oder später starke Magenkrämpfe ein, die eine Weiterbewegung fast unmöglich machen. Was mache ich falsch?

Antwort: Mit Ihren Magen-Darm-Problemen stehen Sie nicht allein da, weshalb sich auch schon etliche Wissenschaftler dieses Problems angenommen haben. So fanden der Wissenschaftler Halvorsen und andere bei einer Studie heraus, dass 54 Prozent aller befragten leistungsorientierten Marathonläufer unter gastrointestinalen, also Magen-Darm-Beschwerden litten, wobei 42 Prozent über Durchfall, 27 Prozent über Bauchkrämpfe, 20 Prozent über

Übelkeit und Erbrechen und 5 Prozent über Blut im Stuhl nach oder während eines Marathons klagten.

Als Ursache kommen verschiedenste Faktoren in Betracht. Speziell in Ihrem Fall könnte es so sein, dass beim Radfahren die Magenentleerung zunächst durch die Verminderung der Magendurchblutung und -bewegung behindert ist, da das Blut vermehrt in die Beine, wo es benötigt wird, transportiert wird. Beim Laufen kommt es nun durch die Druckerhöhung im Magen, verursacht durch die stärkere Anspannung der Bauchmuskulatur, und die vermehrte Bewegung des Mageninhalts zu dessen »Sturzentleerung«, was zu Magen-Darm-Krämpfen führen kann. Eine andere mögliche – bei Ihrer Symptomatik aber eher unwahrscheinliche – Ursache ist die »erosive Gastritis«. Bei dieser kommt es zu Schleimhautschäden in einem Teil des Magens mit den Hauptsymptomen Magendruck, Durchfall und Blut im Stuhl. Ursache dafür ist vermutlich die unter dieser Belastung bis zu 20 bis 30 Prozent des Ausgangswerts verminderte Durchblutung des Magens, da das Blut vermehrt dorthin gepumpt wird, wo es aktuell gebraucht wird. Beim Laufen oder Radfahren sind dies die Beine. Im Folgenden ein paar magenfreundliche Verhaltensregeln:

Vor dem Wettkampf:

- Nehmen Sie keine blähende, ballaststoffreiche Kost, sondern leicht Verdauliches, wie Weißbrot mit Honig, zu sich.

- Beachten Sie individuelle Nahrungsunverträglichkeiten! Besonderes Augenmerk gilt hier Milch und Milchprodukten. Auch die heiß geliebte Banane wird nicht von allen Sportlern vertragen.
- Halten Sie mindestens drei Stunden Abstand zwischen Hauptmahlzeit und Wettkampf.

Während des Wettkampfs:

- Versuchen Sie, sobald Sie sich auf dem Rad befinden, eine größere Menge – mindestens 200 Milliliter – eines Elektrolytgetränks in nicht allzu hoher Konzentration zu trinken. Über den Dehnungsreflex des Magens kommt es zu einer schnellen Magenentleerung, und es kann sich kein großer Mageninhalt ansammeln.
- Experimentieren Sie mit Ihrer Wettkampfernährung unbedingt schon im Training. Was Ihre Vereinskollegin toleriert, müssen Sie noch lange nicht vertragen!

Was kann ich gegen meine störenden Seitenstiche tun?

Ich, eine 43 Jahre alte Marathonläuferin, habe regelmäßig Probleme mit rechtsseitigen Oberbauchstichen besonders im Wettkampf, teilweise aber auch im Training. Diese Schmerzen sind nur durch sofortiges langsames Gehen, das ich dann wieder in Richtung langsames Lauftempo steigern kann, zu überwinden. Meine Wettkampfernährung sieht im Allgemeinen so aus, dass ich regelmäßig Wasser und

feste Nahrung an den Versorgungsstationen aufnehme. Da sich meine Freundin ganz genauso ernährt, kann das nicht so falsch sein, oder?

Antwort: Hinter den von Ihnen beschriebenen Beschwerden können sich verschiedenste Probleme oder auch Erkrankungen verbergen. Eine Ursache kann sicher in einer falschen Wettkampfernährung liegen. Dabei ist es völlig unerheblich, ob sich 99 Prozent aller Sportlerinnen so ernähren, wie Sie es tun, denn die Verträglichkeit gegenüber bestimmten Getränken und Nahrungsmitteln ist individuell sehr unterschiedlich. Probieren Sie im Training alternative Ernährungsmöglichkeiten aus, wie beispielsweise die oft gut verträglichen Energiegels, und nehmen Sie diese bei Ihrem Wettkampf mit. Unter den Hosenbund geklemmt stören Sie nicht im Geringsten. Sollten die Beschwerden trotzdem immer wiederkehren, kann eine weiterführende Diagnostik sinnvoll sein, da unter Umständen eine andere Störung ursächlich ist:

- Eine Verspannung oder Nervenreizung im Bereich des Zwerchfells oder der Zwischenrippenmuskulatur, eventuell ausgelöst durch einen Infekt, wie z. B. eine Lungenentzündung, oder eine Gürtelrose. Hier kann eine Röntgenuntersuchung der Lunge manchmal weiterhelfen.
- Verspannungen durch einen falschen Atemrhythmus.

- Vorliegen einer Gallenblasen- oder Lebererkrankung, wie Gallenblasensteine. Dies kann mittels einer Blutuntersuchung und Sonographie des Bauchraums abgeklärt werden.
- Vorliegen einer Blinddarmreizung oder Vorliegen einer Hernie, einem Loch in der Bauchwand, mit oder ohne Einklemmung von Darmanteilen. Diese zwei Möglichkeiten verursachen jedoch eher Schmerzen im rechten Unterbauch.

Ist elektrische Muskelstimulation sinnvoll?

In letzter Zeit höre ich immer wieder von so genannten EMS-Geräten, die zur Kräftigung der Muskulatur eingesetzt werden können? Wie genau funktionieren diese Geräte, und ist deren Benutzung tatsächlich gesund?

Antwort: Die elektrische Muskelstimulation (EMS) soll und will ein konservatives Kräftigungsprogramm nicht ersetzen, sie stellt aber in vielen Fällen eine nützliche und angenehme Bereicherung des Trainings dar.

Der natürliche elektrische Impuls, der eine Muskelkontraktion auslöst, wird vom Gehirn ausgesendet und erreicht über das Rückenmark und die motorischen Nerven schließlich den Muskel. Bei der elektrischen Muskelstimulation wird der Impuls aus dem Gerät gesendet und erreicht über Elektroden, die auf die Haut aufgebracht werden, den motorischen Nerv direkt. Hirn und Rückenmark werden somit übergangen. Durch die Nachahmung dieses natürlichen Phänomens ermöglicht die Muskelstimulation ein sehr gezieltes und effektives Muskeltraining. Herz, Kreislauf und Gelenke werden minimal belastet.

Vorteile der elektrischen Muskelstimulation:

- Durch die geringe Belastung des Herz-Kreislauf-Systems können Sie auch bei Erkältungen, Grippe etc. wichtige Muskelgruppen zumindest krafterhaltend trainieren.
- Die EMS bietet die Möglichkeit, muskuläre Ungleichgewichte auszugleichen, z.B. wenn Ihr rechtes Bein kräftiger ist als das linke.
- Es können auch Defizite, die durch mangelnde Belastung entstanden sind, wie eine Schwäche der Rumpfmuskulatur durch eine überwiegend sitzende Tätigkeit, ausgeglichen werden.
- Nach Verletzungen kann durch die Muskelstimulation gezielt und fein dosierbar die Muskulatur wieder aufgebaut werden. Durch das isometrische Training ist es möglich, den Bewegungsapparat zu schonen und ohne Gelenkbelastung zu trainieren. Dies ist auch der Grund, weshalb die EMS schon seit Jahrzehnten in der Rehabilitation eingesetzt wird. Durch verschiedene Muskelentspannungs- und Durchblutungsprogramme wird die Regeneration nach Belastungen verbessert. In Absprache mit dem behandelnden Arzt oder Physiotherapeuten kann der Heilungsprozess bei Muskelverletzungen unterstützt werden.

Greifen Sie beim Kauf eines EMS-Geräts unbedingt auf ein Qualitätsprodukt zurück. Das Gerät sollte die folgenden Qualitätsmerkmale aufweisen:

- Achten Sie auf die medizinische Zulassung.
- Der abgegebene Strom muss ein biphasischer Rechteckimpuls sein. Nur dieser Strom garantiert eine optimale Stimulation, ohne dabei die Haut zu irritieren oder gar zu verbrennen. Es sollte mit einem hochwertigen Akku ausgestattet sein. Nur dieser bietet die notwendige gleich bleibende Stromqualität.
- Das Gerät sollte über vier getrennte Kanäle verfügen, damit die Muskelgruppen individuell angesteuert werden können.
- Probieren Sie das Gerät aus. Die Bedienung sollte über ein Display menügesteuert, einfach und übersichtlich sein. Ein zusätzlicher Service, der teilweise geboten wird, ist ein praktischer interaktiver Trainingsplaner, der auf CD mitgeliefert wird.

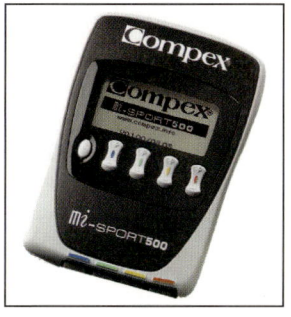

Sie können mit dem EMS-Gerät zu Hause, unterwegs und auf Reisen trainieren.

Kleines Lexikon
der Fachbegriffe

Abduktoren

Die Bewegung, die von der Körpermitte weg-führt, wie das seitliche Anheben des Beins, um nur auf einem Bein zu stehen, wird als Abduktion bezeichnet. Die Muskeln, die dies bewirken, werden unter dem Begriff der Abduktoren zusammengefasst.

Adduktoren

Die Bewegung eines Körperteils, z.B. eines Arms oder Beins, in Richtung auf die Körpermitte wird in der Medizin als Adduktion bezeichnet. Hiervon leitet sich auch der Name der drei Muskeln an der Oberschenkelinnenseite her, die das Bein zur Mittellinie des Körpers bewegen.

Adrenalin

Hormon, das in den Nebennieren gebildet wird und bei Bedarf, insbesondere in Stresssituationen, ins Blut ausgeschüttet wird. Das Hormon bewirkt eine Beschleunigung der Herzfrequenz, eine Erhöhung des Blutdrucks, eine Zunahme der Atemfrequenz und eine Erhöhung des Blutzuckerspiegels. Der Körper wird in einen Zustand erhöhter Alarmbereitschaft versetzt. Durch diese Reaktion werden wir Menschen – und im Tierreich ist dies ebenso – in die Lage versetzt, mit maximaler Leistungsfähigkeit zu kämpfen oder zu fliehen. Bei dieser Aktion wird das Stresshormon wieder abgebaut, und der Körper kehrt in den Ruhezustand zurück. Beim modernen Menschen entsteht der Stress und damit die Hormonausschüttung meist aus anderer Ursache, beispielsweise durch Ärger am Arbeitsplatz. Wird auf die Stresssituation nicht mit einer körperlichen Bewegung reagiert, werden die Stresshormone nur sehr schleppend abgebaut, und es kann zu chronischem Stress mit Krankheitsfolgen kommen.

Aerob

Mit Sauerstoff. Stoffwechselprozesse, die unter Vorhandensein von ausreichend Sauerstoff ablaufen.

Aerobe Leistungsfähigkeit

Bei niedriger Belastungsintensität kann die Muskulatur die zur Arbeit benötigte Energie durch die so genannte aerobe Glykolyse – den Kohlenhydratabbau – und die Lipolyse – den Fettabbau – gewinnen. Hierbei werden Glykogen bzw. Fettsäuren unter Vorhandensein von ausreichend Sauerstoff zu Kohlendioxid und Wasser vollständig abgebaut. Je höher die Belastungsfähigkeit des Einzelnen im anaeroben Bereich ist, umso besser ist seine Ausdauerleistungsfähigkeit.

Aerobes Training

Training auf der Basis von aeroben Belastungen, mit dem Ziel, die aerobe Kapazität, die aerobe Ausdauer, auch Grundlagenausdauer genannt, zu verbessern. Dieses aerobe Training stellt die Basis eines jeden weiteren inten-

siven Trainings dar; dies gilt gleichermaßen für Einsteigerinnen, Breiten- und Gesundheitssportlerinnen sowie für Hochleistungssportlerinnen.

Amenorrhoe

Ausbleiben der Regelblutung.

Aminosäuren

Sie sind die Bausteine aller Eiweiße. Es gibt insgesamt 20 Aminosäuren, wobei der Körper die meisten davon selbst herstellen kann. Die übrigen Aminosäuren, die unser Organismus nicht selbst produzieren kann und die deshalb von außen, d.h. über die Nahrung zugeführt werden müssen, werden als essenzielle Aminosäuren bezeichnet. Im Verdauungsprozess werden die zugeführten Nahrungseiweiße in ihre Bausteine, die Aminosäuren, zerlegt und mit dem Blut zu ihrem Bestimmungsort transportiert, wo sie dann nach Vorgabe der genetischen Information zu neuem Eiweiß zusammengesetzt werden.

Anämie

Blutarmut, hervorgerufen durch einen übermäßigen Verlust und/oder die unzureichende Aufnahme und Verwertung von Eisen.

Anaerob

Ohne Sauerstoff. Stoffwechselprozesse, deren Verlauf nicht vom Vorhandensein von Sauerstoff abhängig sind.

Anaerobe Belastungen

Beim anaeroben Stoffwechsel muss kein Sauerstoff zur Verfügung stehen. Die Energie wird aus dem im Körper gespeicherten Glykogen (Speicherform der Kohlenhydrate) gewonnen. Es entsteht das saure Produkt Milchsäure, das Laktat. Bei dieser Art des Stoffwechsels kann kurzfristig viel Energie bereitgestellt werden; deshalb kommt er bei hochintensiven Belastungen, wie Sprint, Sprungsportarten etc., zum Einsatz.

Anaerobe Kapazität

Darunter versteht man die Gesamtmenge an Energie, für deren Bereitstellung kein Sauerstoff erforderlich ist.

Anaerobe Schwelle

Bei steigender Belastung ist der Körper nicht mehr in der Lage, die Muskulatur optimal mit Sauerstoff zu versorgen. Es kommt zu einem relativen Sauerstoffmangel in der Muskulatur, und die benötigte Energie muss zunehmend durch die anaerobe Glykolyse bereitgestellt werden. Hierbei entsteht das saure Stoffwechselprodukt Milchsäure, das Laktat. Eine geringe Menge an Laktat fällt lokal immer an und wird ständig wieder aus dem Blut eliminiert und verstoffwechselt. In dem Bereich, der als anaerobe Schwelle oder auch Laktat steady state bezeichnet wird, entspricht der Abbau von Milchsäure genau deren Produktion. Je besser eine Sportlerin ausdauertrainiert ist, umso höher ist ihre Leistungsfähigkeit an dieser Schwelle.

Antioxidanzien

Nährstoffe, die den Körper durch eine chemische Reaktion vor schädlichen freien Radikalen (siehe dort) schützen. Zu ihnen zählen u. a. die Vitamine A, C, E und B1, Karotinoide, Zink, Selen und Mangan. Empfehlungen zur täglichen Aufnahme werden beispielsweise von der Deutschen Gesellschaft für Ernährung gegeben. Menschen, die unter einer erhöhten Belastung von freien Radikalen stehen, wie Raucher und Ausdauersportler, sollten dementsprechend eine höhere Zufuhr an Antioxidanzien gewährleisten. Achtung: Insbesondere bei dem fettlöslichen Vitamin E kann es auch zur Überdosierung kommen.

Atemminutenvolumenmethode

Bestimmung der anaeroben Schwelle mittels Spirometrie (siehe Spirometer), wobei die Zunahme des Atemminutenvolumens – also der Luftmenge, die pro Minute ein- und ausgeatmet wird und mathematisch nach einer bestimmten Gleichung angegeben wird –, während einer stufenförmig ansteigenden Belastung, typischerweise auf dem Fahrradergometer oder Laufband, bestimmt wird. Die Belastungsintensität, ab der das Atemminutenvolumen überproportional ansteigt, soll der individuellen anaeroben Schwelle entsprechen. Genauere Werte erhält man jedoch erst

durch die Atemgasanalyse, bei der der Sauerstoffgehalt in Ein- und Ausatemluft gemessen und in Beziehung gesetzt wird. Es wird der so genannte respiratorische Quotient ermittelt, aus dessen Wert man relativ genau auf die jeweilige Stoffwechsellage der untersuchten Person schließen kann.

Ballaststoffe

Unverdauliche faserhaltige Bestandteile von pflanzlichen Nahrungsmitteln, die vorwiegend in Getreideprodukten, Gemüse und Früchten enthalten sind. Den Ballaststoffen kommen eine Reihe wichtiger physiologischer Aufgaben zu, wie die Regulierung der Darmentleerung und Verdauung.

Belastungsintensität

Bezeichnung für die Menge an Arbeit pro Zeit, die innerhalb einer Trainingseinheit absolviert wird. Im Ausdauer- und Schnelligkeitstraining ergibt sich die Belastungsintensität aus der Geschwindigkeit und der Häufigkeit der Trainingseinheiten. Beim Krafttraining hängt die Belastungsintensität von der Größe des Widerstandes ab, gegen den die Bewegung ausgeführt wird.

Beta-Karotin

Gelber Farbstoff in Nahrungsmitteln wie beispielsweise Möhren, Aprikosen und Mangos. Beta-Karotin zählt zur Gruppe der Antioxidanzien (siehe dort), die im Körper die schäd-

lichen freien Radikale abfangen. Bei Bedarf kann Beta-Karotin im Körper in Vitamin A umgewandelt werden. Dieses wiederum ist wichtig für den Sehvorgang.

Bewegungsmangel

Der Mensch ist nicht dafür konzipiert, den ganzen Tag nur sitzend oder liegend zu verbringen. Eine aktuelle Studie bei Kindern zeigt, dass Kinder im Schnitt nur etwa eine Stunde am Tag in Bewegung verbringen. Dies ist deutlich zu wenig! Und bei Erwachsenen, die viel Zeit im Büro verbringen, sieht es oft noch schlimmer aus! Der Bewegungsmangel führt zu Befindungsstörungen wie Schlaflosigkeit, Müdigkeit, Abgespanntheit, Nervosität, Konzentrationsschwäche und Kreislaufbeschwerden. Zusätzlich ist er meist Grundlage der so genannten Zivilisationskrankheiten und deren Folgen, wie Übergewicht, hoher Blutdruck, Arteriosklerose und Zuckerkrankheit, und nicht selten mitverantwortlich für Herzinfarkt oder Schlaganfall.

Biologische Verfügbarkeit

Maß für die Nutzbarkeit verschiedener Nahrungsbestandteile für den Körper in Abhängigkeit vom Nahrungsmittel. Eine hohe biologische Verfügbarkeit bedeutet dabei, dass der Körper die Nährstoffe leicht aus der zugeführten Nahrung herauslösen und verwerten kann. So ist das Eisen aus Fleisch beispielsweise biologisch besser verfügbar als das aus Gemüse –

was jedoch aus anderen Gründen nicht zu einem übermäßigen Fleischverzehr animieren sollte.

Biorhythmus

Als Biorhythmus bezeichnet man z. B. den Tages- und Lebensrhythmus eines Organismus; oft wird er auch die »innere Uhr« genannt (Genaueres finden Sie im Kapitel »Den eigenen Biorhythmus finden und nutzen«, Seite 9ff.).

B-Komplex

Gruppe der B-Vitamine. Sie sind chemisch nicht miteinander verwandt, kommen aber oft in ein und demselben Nahrungsmittel vor. Ihre Funktion ist eng miteinander verknüpft, ähnlich dem Zusammenspiel einer Fußballmannschaft. Fehlt ein B-Vitamin, ist das gesamte »Team« weniger leistungsfähig. Andererseits ist die isolierte Zufuhr von einzelnen B-Vitaminen nicht sinnvoll. Dies wäre vergleichbar mit einem Fußballteam voller Torhüter.

Blutlaktat

Die im Blut gelöste Milchsäure, das Laktat, ist ein wichtiger Indikator der individuellen Belastungsintensität und wird daher gerne bei der Leistungsdiagnostik zur Bestimmung von individuellen Trainingsbereichen herangezogen.

Blutzucker

Glukosegehalt des Blutes. Der Blutzuckerspiegel kann durch verschiedene Faktoren/Mechanismen erhöht werden, wie die Zufuhr von Zucker von außen über die Nahrung oder Getränke oder auch die Ausschüttung von bestimmten Hormonen, die den Blutzuckerspiegel erhöhen, wie das Glukagon oder auch die Stresshormone. Der Gegenspieler dieser den Blutzuckerspiegel erhöhenden Hormone ist das Insulin, das in der Bauchspeicheldrüse gebildet wird. Es senkt den Blutzuckerspiegel, indem es eine Glukose- und Kaliumaufnahme in die Zelle bewirkt.

Bei der Zuckerkrankheit wird kein oder relativ zu wenig Insulin ausgeschüttet, und es kommt typischerweise zu einem permanent zu hohen Blutzuckerspiegel, der Hyperglykämie, was auf Dauer Schäden hervorruft. Auf der anderen Seite kann der Blutzuckerspiegel auch krankhaft vermindert sein, Hypoglykämie genannt, was insbesondere die Funktion des Gehirns und damit letztendlich die des gesamten Körpers beeinträchtigt.

Bodymass-Index (BMI)

Der Bodymass-Index errechnet sich nach der Formel: Gewicht in Kilogramm dividiert durch das Quadrat der Körpergröße in Metern. Er ist ein Maß für Über-, Normal- und Untergewicht. Der Normbereich für Frauen liegt bei einem Wert zwischen 20 und 24, bei Männern zwischen 20 und 25. Übergewicht besteht bei einem BMI zwischen 25 und 30, eine behandlungsbedürftige Fettsucht, die so genannte Adipositas, beginnt beim Wert 30.

Bradykardie

Langsamer Herzschlag; im Ausdauersport als Anpassungsvorgang typisch. Hoch ausdauertrainierte Athleten und Athletinnen haben Ruheherzfrequenzen um 30 bis 35 Schläge pro Minute.

Brennwert

Auch Energieäquivalent genannt. Er bezeichnet den Energiegehalt der unterschiedlichen Nahrungsbestandteile. Je höher der Brennwert, umso höher ist die Energiemenge, die der Körper aus der Verwertung des Nahrungsbestandteils ziehen kann. Üblicherweise wird der Brennwert in Kilokalorien oder Kilojoule pro Gramm Nährstoff angegeben.

Burnout-Syndrom

Ausgebranntsein. Entsteht meist als Resultat chronischen Stresses, der nicht abgebaut wird. Eine wirksame »Therapie« ist seelische Entspannung und körperliche Bewegung.

Cholesterin

Lebenswichtiger Bestandteil aller Zellen und Baustein bestimmter Hormone, der Steroidhormone, beispielsweise der Geschlechtshormone, sowie von Kortison und Adrenalin. Das im Körper befindliche Cholesterin entstammt zwei Quellen: Zum einen wird es mit der Nahrung über tierische Lebensmittel aufgenommen, zum anderen produziert der Körper selbst Cholesterin. Ein Zuviel an Cholesterin kann lang-

fristig zu Ablagerungen an den Wänden der Blutgefäße, zur Arteriosklerose, führen und ist damit ein Risikofaktor für Herzinfarkt und Schlaganfall. Dies kann allerdings nur das LDL-Cholesterin (Low Density) bewirken, während das HDL-Cholesterin (High Density) im Körper günstig wirkt. Ausdauersport führt typischerweise zu einem erhöhten HDL-Cholesterinspiegel, d. h., das Arterioskleroserisiko vermindert sich.

Distress

Sammelbegriff für »schädlichen« Stress. Das Wort leitet sich vom griechischen »dys« = schlecht und dem lateinischen »stringere« = ziehen ab. Da jeder Mensch auf Stressoren individuell sehr unterschiedlich reagiert, kann man zwischen dem leistungsfördernden Eustress (siehe dort) und dem Distress nur anhand der Folgen unterscheiden.

Diuratika

Medikamente, die eine erhöhte Harnproduktion und eine vermehrte Wasser- und Mineralienausscheidung mit dem Urin bewirken. Bei verschiedenen Krankheiten, wie Herzinsuffizienz oder verschiedenen Nierenkrankheiten, können sie die Lebensqualität deutlich verbessern, im Sport sind sie jedoch verboten. Missbräuchlich werden sie vor allem in Sportarten eingesetzt, in denen kurzfristig das Gewicht drastisch reduziert werden muss, wie Boxen, Judo etc. Im Ausdauersport ist der Verlust von Flüssigkeit und Mineralien dagegen nicht erwünscht. Achtung: Alkohol und Kaffee wirken ebenfalls diuretisch.

Doping

Der Begriff stammt von den Kaffern, einer Bevölkerungsgruppe in Südafrika, die sich mit einem alkoholischen Getränk, das sie »dop« nannten, stimulierten. Im Sport ist der Begriff definiert als der regelwidrige Einsatz von körperfremden Substanzen in abnormalen Mengen oder die Anwendung von Verfahren zur unfairen und betrügerischen Leistungssteigerung im sportlichen Training und Wettkampf. Welche Substanzen, welche Dosis und welche Verfahren im Einzelnen in der jeweiligen Sportart verboten sind, ist einer Dopingliste zu entnehmen, die ständig aktualisiert wird.

Elektrolyte

Wasserlösliche Verbindungen, die in Ionen, elektrisch geladene Teilchen, zerfallen. Zu ihnen zählen die verschiedenen Salze. Die Elektrolyte sind im Körper für die Aufrechterhaltung der Zellfunktion und des Flüssigkeitshaushaltes notwendig. Das Elektrolytgleichgewicht im Körper ist ein sehr komplexes, fein aufeinander abgestimmtes System, das einen gleich bleibenden ph-Wert (Säuregehalt einer Flüssigkeit) und Flüssigkeitsgehalt im Organismus garantiert. Elektrolyte sind beispielsweise Natrium, Kalium, Kalzium, Chlorid und Bikarbonat.

Elektrolytgetränke

Getränke, die im Sport zum Ausgleich des, beispielsweise durch das Schwitzen hervorgerufenen, Mineralien- und Flüssigkeitsmangel dienen sollen. Der Elektrolytverlust wird im Allgemeinen jedoch überschätzt, der Wasserverlust hingegen unterschätzt. Primär wichtig ist also erst einmal der ausreichende Flüssigkeitsersatz.

Endorphine

Schmerzstillende, beruhigende oder berauschende Substanzen, die der Körper bei großer Anstrengung oder Stress selbst ausschütten kann, die aber auch medikamentös, z.B. in Form von Opiumderivaten wie Morphin, zugeführt werden können.

Energiebedarf

Unser Körper benötigt stetig Energie, um die grundlegenden Funktionen und Stoffwechselvorgänge aufrechtzuerhalten; diesen Energieverbrauch nennt man Grundumsatz. Zusätzlich wird Energie für körperliche Aktivitäten (Arbeit, Sport) aufgewendet; dies bezeichnet man als Leistungsumsatz. Der Grundumsatz ist individuell sehr unterschiedlich. Dabei gilt, dass der Energieumsatz mit Zunahme der fettfreien Körpermasse steigt. Entsprechend steigt mit Körpergröße und Körpergewicht die Höhe des Grundumsatzes. Frauen haben einen geringeren Grundumsatz als Männer. Für Erwachsene gilt zudem, dass mit steigendem Alter der Grundumsatz sinkt. Auch der Hormonhaushalt kann den Energieumsatz beeinflussen. So führt eine Überfunktion der Schilddrüse zum Anstieg des Energieumsatzes. Natürlich hängt der Energiebedarf auch stark von der körperlichen Aktivität ab. Da für jede Bewegung Energie aufgewendet werden muss, steigt mit Dauer und Intensität des Sports der Energiebedarf.

Erythrozyten

Rote Blutkörperchen. Sie enthalten das Hämoglobin, das für den Sauerstofftransport im Körper zuständig ist.

Eustress

Der Begriff leitet sich vom griechischen »eu« = gut und dem lateinischen »stringere« = ziehen, ab und bezeichnet positiven Stress. Inwiefern eine Belastungssituation als positiv oder negativ empfunden wird, hängt stark von individuellen Faktoren ab. So kann ein und dieselbe Situation einmal als Eustress, einmal als Dystress (siehe dort) wirken.

Fahrtspiel

Trainingsform mit Geschwindigkeitswechsel nach individuellem Bedarf und an das Gelände angepasst. Dieses eher unstrukturierte Training wird gerne als Abwechslung zu den hochstrukturierten Intervallläufen eingesetzt. Das Ziel ist eine Verbesserung der aeroben und anaeroben Kapazität.

Feldversuch

Wissenschaftliches Experiment, das unter natürlichen Bedingungen durchgeführt wird, im Gegensatz zum Laborversuch, bei dem die natürlichen Bedingungen entweder nachempfunden oder auch gezielt künstliche Bedingungen geschaffen werden.

Freie Radikale

Atome oder Molekülbruchstücke, die ein freies Elektron besitzen. Diese hochreaktiven Teilchen sind sehr instabil und bestrebt, mit anderen Molekülen zu reagieren, weshalb sie selbst im Körper nur schwer nachweisbar sind, wohl aber die Folgen oder Schäden, die sie bewirken, sofern das körpereigene »Reparatursystem« diese nicht beseitigen kann. Vermehrt werden freie Radikale bei Entzündungsvorgängen im Körper oder bei einem erhöhten Sauerstoffumsatz, wie beim Ausdauersport, freigesetzt. Auch äußere Umstände, wie UV-Strahlung, erhöhter Ozongehalt, Höhenstrahlung und Rauchen, erhöhen die Anzahl an freien Radikalen. Mittels antioxidativer Substanzen können die freien Radikale unschädlich gemacht werden, weshalb eine ausreichende Zufuhr gewährleistet sein muss.

Fruktose

Fruchtzucker (Kohlenhydrat), der im Gegensatz zur Glukose (siehe dort) keine hohe Insulinausschüttung und damit auch keinen drastischen Blutzuckerabfall bewirkt.

Gefäßsystem

Auch als vaskuläres System bezeichnet. Besteht aus spezialisierten Geweben und Organen und ist für den Flüssigkeitstransport zuständig. Bekannte Systeme sind das Herz-Kreislauf-System und das Lymphgefäßsystem.

Glukagon

In der Bauchspeicheldrüse gebildetes Hormon, das den Blutzuckerspiegel durch Mobilisation der körpereigenen Zuckerreserven ansteigen lässt.

Glukose

Einfachzucker, der als direkter Energielieferant im Körper genutzt wird. Nur wenige Nahrungsmittel enthalten reine Glukose. Der Körper erhält die benötigte Menge durch Aufspaltung von Stärke und Tafelzucker bei der Verdauung. Der Blutzuckerspiegel wird durch die Hormone Insulin und Glukagon geregelt.

Glykogen

Speicherform der Glukose im Körper. Bei erhöhtem Energiebedarf werden die Glykogenreserven ins Blut abgegeben und lassen den Blutzuckerspiegel steigen.

Hämatokrit

Anteil der festen Teilchen am Gesamtblut, ausgedrückt in Prozent. Da die festen Teilchen zu einem sehr großen Teil rote Blutkörperchen sind, setzt man den Hämatokrit oft einfach mit dem Volumenanteil der roten Blutkörperchen am Gesamtblutvolumen gleich.

Von Ausdauersportlerinnen und -sportlern wird im Hochleistungssport teilweise das verbotene Erythropoetin (EPO) eingesetzt, das zu einer erhöhten Bildung von roten Blutzellen führt. Da die roten Blutzellen für den Sauerstofftransport zuständig sind, erhofft man sich durch eine erhöhte Anzahl an diesen Sauerstoffträgern eine verbesserte aerobe Leistungsfähigkeit. Die größere Anzahl an roten Blutzellen wird durch einen erhöhten Hämatokritwert angezeigt und ist damit indirekter Nachweis für ein EPO-Doping. Das gesundheitliche Risiko besteht darin, dass mit erhöhter Zellzahl die Fließeigenschaften des Blutes verschlechtert werden. Dies wirkt sich natürlich negativ auf die Leistungsfähigkeit des Sportlers oder der Sportlerin aus. Gerade in Ruhephasen kann es dann zu spontanen Gefäßverschlüssen kommen, noch begünstigt durch die sehr niedrige Herzfrequenz von hoch ausdauertrainierten Athletinnen und Athleten.

Hämoglobin

Roter Blutfarbstoff, der für den Transport des Sauerstoffs aus der Lunge in den Körper zuständig ist.

HDL-Cholesterin (high density)

Spezielle Transportform des wasserunlöslichen Cholesterins (siehe dort) im Blut. Das HDL-Colesterin ist zuständig für den Cholesterin-

rücktransport und die Entsorgung der Peripherie von freiem Cholesterin. Ein niedriger HDL-Cholesterinwert (unter 40 mg/dl) gilt als Risikofaktor für die Entstehung von Arteriosklerose, Schlaganfall und Herzinfarkt. Durch ein regelmäßiges Ausdauertraining lässt sich der HDL-Cholesterinspiegel erhöhen.

HFmax

In der Sportmedizin übliche Abkürzung für die »maximale Herzfrequenz«, die im standardisierten Belastungstest bestimmt werden kann. Für die Trainingssteuerung wichtiger ist jedoch die jeweilige Herzfrequenz bei bestimmter Belastungsintensität.

Hömoostase

Darunter versteht man die Fähigkeit des Körpers, trotz aller äußeren Veränderungen stabil zu bleiben und das Gleichgewicht seiner Funktionen aufrechtzuerhalten.

Hypertonie

Genauer arterielle Hypertonie; ist die Bezeichnung für einen erhöhten Blutdruck. Die Grenzwerte sind alters- und geschlechtsabhängig. Ein zu hoher Blutdruck schädigt die Blutgefäße, diese verlieren an Elastizität, so dass das Herz mit höherer Arbeit gegen diesen peripher erhöhten Druck ankämpfen muss. Können die Gefäße dem Druck nicht mehr standhalten, kann es beispielsweise zu einer Hirnblutung kommen.

165

Hyperventilation

Übersteigerte Atmung (Ventilation) durch Zunahme von Atemtiefe und Atemfrequenz. Die Sauerstoffsättigung steigt, zudem wird mehr Kalzium freigesetzt. Dies kann zu dem unangenehmen bis gefährlichen Zustand der Hyperventilationstetanie führen, bei dem die Betroffenen krampfähnliche Zustände zunächst an Händen und Füßen (Pfötchenstellung) bekommen und zudem meist in einen panikartigen Zustand verfallen. In einem solchen Fall hilft es, der oder dem Betroffenen eine Plastiktüte überzustülpen, damit keine frische sauerstoffhaltige, sondern nur noch verbrauchte, kohlendioxidangereicherte Luft eingeatmet wird.

Hypoglykämie

Zustand eines verminderten Blutzuckerspiegels, der meist phasenweise auftritt. Da Zucker die Hauptnahrung des Gehirns ist, treten bei Hypoglykämie oft Kopfschmerzen, Schwindel, Koordinationsstörungen oder abnorme Verhaltensweisen, wie Wutausbrüche, auf. Ursache dafür können eine falsche Ernährung, ungelöste seelische Probleme, eine beginnende Zuckerkrankheit oder auch ein Mineralstoffmangel sein.

Hypotonie

Zu niedriger Blutdruck, der Folge eines starken Flüssigkeitsverlusts oder einer Blutung oder auch genetisch konstitutionell bedingt sein kann. Davon sind insbesondere schlanke,

sportliche Frauen betroffen. Das Gegenteil ist der zu hohe Blutdruck, die Hypertonie (siehe dort).

Intervalltraining

Trainingseinheit, bei der jeweils Phasen mit mittlerer bis hoher Intensität mit Perioden geringer Belastung (Erholungsphasen) abwechseln.

Kardiorespiratorische Ausdauer

Begriff für die Leistungsfähigkeit des Herz-Kreislauf-Systems. Diese wird entschieden beeinflusst durch die Herzgröße, die Herzfrequenzregulation und die Fähigkeit der Muskulatur, unter Körperarbeit Sauerstoff aufzunehmen und Energieträger (Kohlenhydrate, Fette) zu verbrennen.

Kardiovaskulär

Das Herz-Kreislauf-System betreffend.

Kardiovaskuläre Leistungsfähigkeit

Fähigkeit von Herz und Blutgefäßen, die Muskulatur unter körperlicher Belastung ausreichend mit Brennstoffen und Sauerstoff zu versorgen.

Karotinoide

Gelbe und rote Farbstoffe, die in Pflanzen vorkommen. Eines der Karotinoide ist das Beta-Karotin (siehe dort).

Koenzyme

Chemische Stoffe, die zusammen mit Enzymen Stoffwechselprozesse beschleunigen. Koenzyme können Vitamine sein oder enthalten.

Kortisol

Hormon, das in der Nebennierenrinde gebildet und insbesondere unter Stress ausgeschüttet wird. Es erhöht den Blutzucker und vermindert die Schmerzempfindlichkeit. Am frühen Morgen wird die größte Menge Kortisol ausgeschüttet.

Laktat

Salz der Milchsäure im Blut. Bei geringer körperlicher Belastung werden Werte zwischen 1,5 und 3 Millimol pro Liter Blut erreicht, unter maximalen anaeroben Belastungen, wie beispielsweise einem 400-Meter-Lauf, können Laktatwerte bis zu 20 Millimol pro Liter Blut und darüber erreicht werden.

Laktatanalyser

Messgerät, meist ein Fotometer, zur automatischen Bestimmung des Laktatwerts in einer Blutprobe, üblicherweise aus einem Tropfen Blut aus dem Ohrläppchen gewonnen. Ein solches Gerät sollte nur von medizinisch geschultem Personal bedient werden.

Laktose

Milchzucker, der aus Glukose und Galaktose besteht und im Dünndarm aufgespalten wird.

LDL-Cholesterin (low density)

Spezifische Transportform des wasserunlöslichen Cholesterins im Blut, zuständig für die Versorgung der Peripherie mit Cholesterin. Ein erhöhter LDL-Cholesterinwert zählt als Risikofaktor für die Entstehung von Arteriosklerose und des Herzinfarkts. Zur besseren Unterscheidung gegenüber dem HDL-Cholesterin, dem »guten« Cholesterin (siehe dort), dessen Spiegel durch regelmäßiges Ausdauertraining erhöht werden kann, gibt es folgenden Merkspruch: Lass Das Lieber.

Maximale aerobe Leistungsfähigkeit

Auch als aerobe Leistungsfähigkeit, maximale Ausdauerleistungsfähigkeit oder maximale Sauerstoffaufnahme, VO_2max, bezeichnet. Die VO_2max ist die maximale Menge (V) an Sauerstoff (O_2), die der Umgebungsluft entnommen wird, zu den Organen transportiert und dort verwertet werden kann. Sie wird gleichgesetzt mit der maximalen Sauerstoffmenge, die durch die großen Muskelgruppen während einer Belastung mit zunehmender Intensität bis zur subjektiven Erschöpfung verbraucht werden kann. Durch ein Ausdauertraining kann die maximale Ausdauerleistungsfähigkeit um etwa 15 bis 20 Prozent verbessert werden. Bei austrainierten Athletinnen und Athleten kann die maximale Sauerstoffaufnahme sogar den doppelten Wert gegenüber untrainierten Personen erreichen.

Maximale Herzfrequenz

Höchstmögliche Herzfrequenz, die während einer maximalen Belastung erreicht werden kann. Die maximale Herzfrequenz wird häufig zur Bestimmung der Trainingsherzfrequenzen herangezogen. Sie kann direkt im Versuch ermittelt werden, auch im Rahmen einer Leistungsdiagnostik. Die Bestimmung der Trainingsbereiche allein aus der maximalen Herzfrequenz ist in vielen Fällen sehr ungenau. Eine präzisere Formel zur Berechnung der Trainingsherzfrequenz für das Grundlagenausdauertraining ist folgende:

Trainingsherzfrequenz = Ruheherzfrequenz + (maximale Herzfrequenz − Ruheherzfrequenz) x 0,6

Menarche

Erste Monatsblutung. Tritt bei jugendlichen Ausdauersportlerinnen meist später als im Durchschnitt ein.

Mentales Training

Geistige Vorstellung, wie ein bestimmter Bewegungsablauf bzw. eine sportliche Technik durchgeführt werden soll, verbunden mit entsprechendem geistigen Training (siehe auch Visualisierung) dieser Vorstellung.

Muskeltonus

Normaler Zustand eines Muskels, der die Bereitschaft des Muskels »ausdrückt«, auf einen Reiz mit einer Kontraktion, einem Sichzusammenziehen, zu reagieren. Bei einem hohen Muskeltonus ist der Muskel bereits vorgespannt und mehr verkürzt als bei einem niedrigen Muskeltonus. Ein permanent erhöhter oder kurzfristig zu hoher Muskeltonus stellt ein erhöhtes Risiko für Muskelfaserrisse dar.

Nährstoffe

Sammelbegriff für die mit der Nahrung aufgenommenen Einzelstoffe. Die Nährstoffe werden unterteilt in Makronährstoffe (Kohlenhydrate, Fette, Eiweiße), Mikronährstoffe (Mineralstoffe, Vitamine, Spurenelemente) und sekundäre Nährstoffe (sekundäre Pflanzenstoffe, Ballaststoffe). Eine ausgewogene Ernährung sichert die Versorgung mit all diesen Nährstoffen. Eine einseitige Ernährung, z.B. die Bevorzugung überwiegend tierischer Lebensmittel oder eine rein veganische Kost, beeinträchtigen die sportliche Leistungsfähigkeit und begünstigen das Auftreten verschiedener Krankheiten.

Omega-3-Fettsäuren

Fettsäuren, die vor allem in Seefisch, manchen Fischölen und Leinsamenöl enthalten sind. Sie wirken antiarteriosklerotisch und reduzieren dadurch das Herzinfarktrisiko.

Plasma

Flüssigkeit, die mehr als die Hälfte des Bluts ausmacht. Im Plasma werden eine ganze Reihe von Stoffen, wie Proteine, Hormone und Antikörper, durch den Körper transportiert.

Parasympathikus

Teil des vegetativen Nervensystems, der dem Sympathikus (siehe dort) entgegenwirkt. Er wirkt für alle Erholungsvorgänge unterstützend. Ein Ausdauertraining führt zur erhöhten Parasympathikusaktivität und hierdurch u.a. zu einer niedrigen Ruheherzfrequenz.

Prolaktin

Hormon, das vor allem im Vorderlappen der Hirnanhangsdrüse gebildet wird und zyklusabhängig ist. Besonders hoch ist der Prolaktinspiegel nach der achten Schwangerschaftswoche. Es wirkt auf die Brustdrüse und die Milchproduktion ein.

Prävention

Prävention leitet sich vom lateinischen »praevenire« ab und bedeutet zuvorkommen. Im medizinischen Sinn versteht man darunter die Vermeidung von beeinflussbaren Risikofaktoren mit dem Ziel, Krankheiten erst gar nicht entstehen zu lassen. In Bezug auf die Zivilisationskrankheiten bedeutet dies Senkung des LDL-Cholesterinspiegels, Abbau von Übergewicht, Raucherentwöhnung, Alkoholentzug und mehr Bewegung.

Pulsfrequenz

Zahl der pro Minute über die Schlagadern (Arterien) ablaufenden Druckwellen, die sich an oberflächlich verlaufenden Arterien, wie an der Halsschlagader oder der Arterie am Hand-gelenk, tasten lassen. Bei Gesunden sind Puls- und Herzfrequenz identisch.

Rehabilitation

Bestmögliche Wiederherstellung der körperlichen Leistungsfähigkeit eines verletzten oder erkrankten Menschen und schnellstmögliche Integration in das Alltags- oder/und Berufsleben. Im Sport wird das Ziel der Rehabilitation darin gesehen, eine schnellstmögliche Wiederaufnahme von Training und Wettkampf zu ermöglichen.

Risikoprofil

Summe der persönlichen Risikofaktoren, wie Rauchen, Übergewicht, Bluthochdruck, Cholesterin- und Blutzuckererhöhung. Auch genetische Faktoren können eine Rolle als Risikofaktor spielen. Die Kombination mehrerer Risikofaktoren erhöht die Wahrscheinlichkeit, an einer bestimmten Krankheit zu erkranken.

Runner's High

Ausdruck für das Hochgefühl beim Laufen, aber auch bei anderen intensiven körperlichen Belastungen, das als Folge einer vermehrten Ausschüttung von Endorphinen (siehe dort) gesehen wird.

Seitenstechen

Ein zu hohes Anfangstempo, ein voller Magen, eine schwache Bauchmuskulatur oder eine falsche Atmung kann z.B. zu Seitenstechen

führen. Ist das Seitenstechen einmal aufgetreten, hilft oft Einatmen durch die Nase und sehr kräftiges Ausatmen durch den Mund, um die lästigen Stiche wieder loszuwerden.

Spirometer

Gerät zur Messung des Atemluftvolumens. Außerdem lässt sich oft noch die Atemgaszusammensetzung (Sauerstoff/Kohlendioxid) bestimmen, und hieraus lassen sich Rückschlüsse auf die Stoffwechsellage des Sportlers oder der Sportlerin ziehen.

Spurenelemente

Mineralstoffe, die der Körper in winzigen Mengen benötigt, die aber trotzdem lebenswichtig sind. Zu den Spurenelementen gehören u.a. Jod, Eisen, Zink, Selen und Mangan.

Stärke

Komplexes Kohlenhydrat, das aus Glukosebausteinen aufgebaut ist. Stärke ist die wichtigste Energie- und Kohlenhydratquelle der menschlichen Ernährung. Besonders stärkehaltig sind Getreideprodukte, Kartoffeln, Nudeln und Reis.

Stoffwechsel

Alle chemischen und physikalischen Prozesse, die im Körper ablaufen, um ihn funktionsfähig und am Leben zu erhalten. Grundsätzlich werden zwei Arten von Stoffwechselprozessen unterschieden: zum einen die Aufspaltung

komplexer Stoffe in einfache Bestandteile, um daraus Energie zu gewinnen (Katabolismus), zum anderen der Aufbau komplexer Stoffe aus einfachen Bestandteilen zur Energiespeicherung und zum Zellwachstum (Anabolismus).

Stretching

Anderer Begriff für muskuläre Dehnungsübungen, um die Beweglichkeit (Flexibilität) zu verbessern.

Superkompensation

Bezeichnung für ein Grundprinzip der physiologischen Trainingsanpassung, um den Organismus nach der Belastung für eine erneute Anstrengung der gleichen Art besser vorzubereiten.

Sympathikus

Teil des vegetativen Nervensystems, der dem Parasympathikus (siehe dort) entgegenwirkt. Wird der Sympathikus stimuliert, steigen die Stresshormone Adrenalin und Noradrenalin an, und es kommt zu einer Blutdruck- und Pulserhöhung, einem Blutzuckeranstieg, einer Erweiterung der Bronchien und einer verminderten Magen-Darm-Tätigkeit.

Tapering

Wettkampfvorbereitende Phase im Training, in der Gesamtumfang und Intensität reduziert werden, um dem Sportler oder der Sportlerin die Möglichkeit zu geben, sich aktiv von allen

Trainingsbelastungen zu erholen und Energie-reserven für den bevorstehenden Wettkampf aufzubauen. Diese Phase sollte mit erfahrenen Sportlern oder dem Trainer abgestimmt wer-den, denn ein falsches Verhalten in der unmittelbaren Wettkampfvorbereitung kann den Trainingserfolg der gesamten Vorberei-tungsphase zunichte machen.

Trainingsintensität

Bezeichnung für die Höhe der Trainingsbelas-tung. Diese sollte individuell so gewählt wer-den, dass der Körper gefordert, aber nicht überfordert wird. Da jede Intensität individuell, abhängig von Geschlecht, Alter, Trainings-zustand etc., mit einem definierten Laktatwert und einer bestimmten Herzfrequenz korreliert, kann nach einer Laktat-Leistungsdiagnostik die Trainingsintensität leicht anhand der Herz-frequenz mit einer Pulsuhr selbst kontrolliert werden.

Übertraining

Trainingsgestaltung, die im Zusammenspiel mit weiteren Belastungsfaktoren und Stressoren zu einem krankheitsähnlichen Zustand, einem Überlastungs- oder Burnout-Syndrom (siehe dort) führt. Auch psychische Faktoren werden als Auslöser diskutiert, da man ein ähnliches Krankheitsbild beispielsweise bei Berufspianis-ten findet, die täglich mehrere Stunden lang »Fingerübungen« absolvieren. Die Forschung ist hier noch in vollem Gang.

Vagotonie

Überwiegen des parasymphatischen Systems innerhalb des vegetativen Nervensystems mit niedrigem Blutdruck und Puls, vermehrter Magen-Darm-Motorik mit erhöhter Säurebil-dung und vermehrter Speichelbildung sowie eng gestellten Bronchien.

Ventrikel

Bezeichnung für die beiden Herzkammern, die paarig unterhalb der beiden Vorhöfe des Her-zens angelegt sind. Der rechte Ventrikel erhält sauerstoffarmes Blut aus dem rechten Vorhof und pumpt dieses in die Lunge, wo das Blut mit Sauerstoff angereichert wird und über den linken Vorhof in den linken Ventrikel gelangt. Diese muskelstarke Kammer pumpt das Blut in die Hauptschlagader (Aorta), von wo es weiter in den übrigen Körperkreislauf gelangt.

Visualisierung

Form des mentalen Trainings (siehe dort), mit der man sich eine genaue Vorstellung davon macht, wie z. B. ein bestimmter Bewegungsab-lauf durchgeführt werden soll. Hierdurch wer-den Bewegungsabläufe leichter erlernt.

Ziele

Ziele setzen Zielbewusstsein und Zielplanung voraus. Nur so kann effektiv und produktiv agiert werden. Ziele müssen klar definiert wer-den, sonst bleibt es womöglich lediglich bei einem guten Vorsatz.

Register

Literatur

Amthor, Silke: *Aquafitness.* Südwest Verlag. München 2002.
Bauermeister, Dr. med. Wolfgang: *Das Rückenfit-Programm.* Südwest Verlag. München 2002.
Engels, Dr. med. Tanja; Neumann, Bernd: *Optimal Trainieren.* Südwest Verlag. München 2002.
Geiger, Ludwig: *Ausdauertraining. Der sportmedizinische Ratgeber.* Copress Verlag. München 2001.
Grabbe, Dieter: *Move & Relax.* Südwest Verlag. München 2002.
Grabbe, Dieter: *Stretching.* Südwest Verlag. München 2002.
Hatje, Tobias; Denecke, Ulf: *Inlineskaten wie ein Profi.* München 2002.
Hederer, Markus: *Laufen zum Abnehmen.* Gräfe und Unzer. München 2003.
Lydiard, Arthur; Gilmour, Garth: *Mittel- und Langstreckentraining für Frauen.* Meyer & Meyer Verlag. Achen 2000.
Neumann, Georg; Pfützner, Arndt; Berbalk, Anneliese: *Optimiertes Ausdauertraining.* Meyer & Meyer Verlag. Aachen 1998.
Neumann, Georg; Pfützner, Arndt; Hottenrott, Kuno: *Alles unter Kontrolle.* Meyer & Meyer Verlag. Aachen 2000.
Pramann, Ulrich: *Lauf dich Schlank.* Südwest Verlag. München 2002.
Pramann, Ulrich: *Runner's Basics.* Südwest Verlag. München 2002.
Schwarz, Hubert: *Power of Mind.* Südwest Verlag. München 2002.
Scott, Dagny: *Das große Laufbuch für Frauen.* Tibia Press. Mülheim an der Ruhr 2002.
Steffny, Herbert: *Walking.* Südwest Verlag. München 2003.
Steffny, Herbert; Pramann, Ulrich: *Perfektes Lauftraining.* Südwest Verlag. München 2003.
Steffny, Herbert; Pramann, Ulrich: *Perfektes Marathontraining.* Südwest Verlag. München 2003.
Zapletal, Pat: *So werden Frauen stark.* Ueberreuter Verlag. Wien 2001.
Zittlau, Dr. Dieter: *Bodytraining.* Südwest Verlag. München 2002.

Impressum

Hinweis

Das vorliegende Buch ist sorgfältig erarbeitet worden. Dennoch erfolgen alle Angaben ohne Gewähr. Weder Autorinnen noch Verlag können für eventuelle Nachteile oder Schäden, die aus den im Buch gemachten praktischen Hinweisen resultieren, eine Haftung übernehmen.

Der Südwest Verlag ist ein Unternehmen der Ullstein Heyne List GmbH & Co. KG, München. © 2003 Ullstein Heyne List GmbH & Co. KG, München

Redaktion
Christian Wolf
Projektleitung
Dr. Harald Kämmerer
Bildredaktion
Sabine Weber, München
Produktion
Gabriele Kutscha
Angelika Kerscher
Umschlag
Reinhard Soll
Layout, Satz und Gafiken
Jan-Dirk Hansen, München

Lithografie
Lithotronic, Frankfurt a. M.
Druck und Bindung
Alcione, I-Trento

ISBN 3-517-06691-5

Stefanie Mollnhauer (geb. Soeder) ist Ärztin und betreut am eigenen sportmedizinischen Institut proformance Sportlerinnen und Sportler vom Einsteiger bis Profi. Sie ist sportjournalistisch tätig, u.a. für die Laufzeitschriften Condition und RUNNING und für die Radsportzeitschrift TOUR und gibt vielfältige Seminare zum Thema Ausdauersport. Bis 2001, dem Geburtsjahr Ihres Sohnes Bent Jonas, gehörte die immer noch aktive Läuferin (Marathonbestzeit 2:50 Std., mehrfache Deutsche Mannschafts- und Studentenmeisterin in der Leichtathletik) dem Duathlon-Nationalkader an und nahm hier an zwei Weltmeisterschaften teil. Kontakt zur Autorin über: info@pro4mance.net

Beate Missalek, Autorin des Kapitels »Dehnen und Kräftigen«, ist Sport- und Gymnastiklehrerin sowie Rückenschulleiterin. Sie arbeitet als Reebok-Global-Master-Trainerin und leitet die Firma »Movedu Gesundheitsmanagement«. Besuchen Sie die Autorin auf ihrer Homepage (www.movedu.de), oder schreiben Sie ihr eine E-Mail unter beate.missalek@movedu.de.

Die Reebok Expertentipps sind von Beate Missalek, der Ernährungsexpertin Silvia Gilbert und dem Reebok Mastertrainer Esben Aalvik (links nach rechts).

Bildnachweis: AFP/ Getty Images, München: 94 (Wolfgang Kumm), 97 (Adrian Dennis); Corbis, Düsseldorf: 72, 125 (RNT Productions), 108 (Wes Thompson), 123 (Chris Rogers), 156 (Hermann/ Stark); Gettyimages, München: Cover (Leland Bobbe); Image Bank, München: 5 (Lori Adamski Peek), 14 (Christoph Wilhelm), 40 (Chris Cole); Jump, Hamburg: 12, 59, 91 u. (Martina Sandkühler), 21, 28, 71 (Leonhard Lenz), 27, 57, 92 o. (Kristiane Vey), 48 (Annette Falck), 98 (Marco Grundt); Reebok Deutschland GmbH, Oberhaching b. München: 6, 10, 16, 18, 19, 37, 38, 52, 66, 90, 91 o., 92 u., 134 (N.N.); Reuters/ E-Lance-Media, München: 103 (N.N.); Südwest-Verlag; München: 25, 74 (Stefan Eisend), 30 (Ingolf Hatz), 34 (Mathias Tunger), 128 (Nicolas Olonetzky), 93 (Ingolf Hatz), 111 (Antje Plewinski), 113 (Michael Holz), 117, 133 (Peter v. Felbert und Anne Eikkenberg); Zefa, Düsseldorf: 63 (Novastock), 80 (Emely), 106 (Masterfile/ P. Griffith), 119, 130 (Pinto) **Fotoproduktion** (82–89): Nicolas Olonetzky (c/o bascha kicki-photographers), München.

16,95
2396A